阅读中国·外教社中文分级系列读物

Reading China SFLEP Chinese Graded Readers

总主编 程爱民

符号中国

The Symbols of China

四级主编 刘影 张珩
编者 孙晶晶

四级 4

上海外语教育出版社

编委会

主　任　姜　锋　上海外国语大学
　　　　王　宁　上海交通大学 / 清华大学

主　编　程爱民　上海交通大学 / 南京大学

编　委

赵　杨　北京大学
吴应辉　北京语言大学
祖晓梅　南开大学
罗剑波　复旦大学
赵文书　南京大学
王玉芬　浙江大学
王爱菊　武汉大学
张艳莉　上海外国语大学
李春玲　中央财经大学
王　骏　上海交通大学
李佩泽　汉考国际教育科技（北京）有限公司
王锦红　中文联盟

主编的话

每个学习外语的人在学习初期都会觉得外语很难，除了教材，其他书基本上看不懂。很多年前，我有个学生，他大学一年级时在外语学院图书室帮忙整理图书，偶然看到一本《莎士比亚故事集》，翻了几页，发现自己看得懂，一下子就看入了迷。后来，他一有空就去图书室看那本书，很快看完了，发现自己的英语进步不少。其实，那本《莎士比亚故事集》就是一本牛津英语分级读物。这个故事告诉我们，适合外语学习者水平的书籍对外语学习有多么重要。

英语分级阅读进入中国已有几十年了，但国际中文分级教学以及分级读物编写实践才刚刚起步，中文分级读物不仅在数量上严重不足，编写质量上也存在许多问题。因此，在《国际中文教育中文水平等级标准》出台之后，我们就想着要编写一套适合全球中文学习者的国际中文分级读物，于是便有了这套《阅读中国·外教社中文分级系列读物》。

本套读物遵循母语为非中文者的中文习得基本规律，参考英语作为外语教学分级读物的编写理念和方法，设置鲜明的中国主题，采用适合外国读者阅读心理和阅读习惯的叙事话语方式，对标《国际中文教育中文水平等级标准》，是国内外第一套开放型、内容与语言兼顾、纸质和数字资源深度融合的国际中文教育分级系列读物。本套读物第一辑共 36 册，其中，一—六级每级各 5 册，七—九级共 6 册。

读万卷书，行万里路，这是两种认识世界的方法。现在，中国人去看世界，外国人来看中国，已成为一种全球景观。中国历史源远流长，中国文化丰富多彩，中国式现代化不断推进和拓展，确实值得来看看。如果你在学中文，对中国文化感兴趣，推荐你看看这套《阅读中国·外教社中文分级系列读物》。它不仅能帮助你更好地学习中文，也有助于你了解一个立体、真实、鲜活的中国。

程爱民
2023 年 5 月

目录

02	1. 筷子的故事
07	2. 古代人怎么看病
11	3. 盆中的风景
15	4. 中国画画什么
19	5. 中国龙

23	6. 猜猜这些汉字是什么意思
27	7. 汉字的历史
31	8. 神话中的巨树
36	9. 纸是怎么做出来的
40	10. 西安的城墙

44	11. 你不知道的端午
49	12. 可爱的大熊猫
53	13. 中国的古诗
58	14. 京剧脸谱
62	15. 中国红
65	16. "仁"和"礼",治天下
69	17. 酒中的故事
72	18. 中国人的"饮料"
76	19. 空中飞舞的纸"鸟"
79	20. 坐在门前的狮子
84	练习参考答案
86	词汇表

1 筷子的故事

　　中国的筷子是一种非常有特色的餐具。许多外国旅行者和学生在来中国之前，都会把学习使用筷子作为一项准备工作；等到他们结束了旅游和学习，归国以前往往会买几双筷子作为纪念，或者送给亲朋好友。

　　筷子中包含了许多古代中国人的智慧。一双标准的筷子有七寸六分长，代表人有"七情六欲"，就是各种情感和欲望。筷子一头圆、一头方，圆的表示天，方的表示地，符合"天圆地方"的观点，这是古代中国人对世界最初步的认识。

　　关于筷子的产生，民间有不少传说，其中之一是：姜子牙（Jiāng Zǐyá）在神鸟的帮助下，发明了筷子。另外一个传说是关于大禹（Yǔ）的：大禹治理水灾的时候，工作途中曾经三次经过自己的家门，但为了节省时间，连一次都没进去过；因为平时工作太忙，饭一做好就想赶紧吃，但锅里刚烧好的食物实在是太热了，假如直接用手去拿，一定受不了，于是他就想了个方法，用两根树枝把食物夹起来吃，这就是最早的筷子。一些历史证据表明，在夏朝就已经出现了筷子。

　　最初的筷子大多是用木头或竹子做的，有时也会用动物的骨头来做。后来，象牙和玉做成的筷子也得到了普遍使用。到了春秋战国（Chūnqiū Zhànguó）时代，又出现了铁筷。之后，又出现了金筷和银筷。到了近代，各种材料的筷子都陆续进入了人们的生活。

　　筷子不仅仅是吃饭的工具。古时候一些有钱的人家，为了显示自己的财富，通常会使用价格很贵的象牙筷或金筷。一般来说，皇帝会使用银筷，那是为了检测饭菜里是否有毒。民间还有这样的风俗：婚礼上送给新婚夫妇一双筷子，因为

"筷"和"快"的读音相同,人们就用"筷子(快子)"来表达"快点儿生孩子"的祝福。

从古到今,关于筷子的故事也特别多。<u>唐</u>朝有个叫<u>韩凝礼</u>的人用筷子来帮助<u>唐 玄宗</u>预测战争的结果。<u>明</u>朝的<u>永福</u>公主不愿意服从父亲对自己婚事的安排,用折断筷子的方式来表达自己"宁折不弯"的态度。

关于筷子的故事,你知道多少呢?

本级词

之前 zhīqián | before
作为 zuòwéi | to serve as
项 xiàng | item
归 guī | to return
包含 bāohán | to include
圆 yuán | round
方 fāng | square
符合 fúhé | to accord with
关于 guānyú | about
之一 zhīyī | one of
途中 túzhōng | on the way
节省 jiéshěng | to save (time, money, etc.)
烧 shāo | to burn, to cook
假如 jiǎrú | if
受不了 shòubuliǎo | cannot endure
于是 yúshì | hence
根 gēn | (a measure word for long, thin objects)
历史 lìshǐ | history
最初 zuìchū | at first
大多 dàduō | mostly

骨头 gǔtou | bone
玉 yù | jade
之后 zhīhòu | after
近代 jìndài | modern times
材料 cáiliào | material
陆续 lùxù | successively
人家 rénjiā | family
财富 cáifù | wealth
一般来说 yìbān lái shuō | generally speaking
检测 jiǎncè | to test
是否 shìfǒu | whether or not
风俗 fēngsú | folk custom
婚礼 hūnlǐ | wedding
夫妇 fūfù | husband and wife
祝福 zhùfú | blessing
预测 yùcè | to predict
战争 zhànzhēng | warfare
折 zhé | to break
弯 wān | to bend; curved

超纲词

餐具 cānjù | tableware

亲朋好友 qīnpéng-hǎoyǒu | relatives and close/intimate friends

智慧 zhìhuì | wisdom

寸 cùn | cun (a unit of length, equal to 3.3 centimeters)

分 fēn | 1/10 of one cun

欲望 yùwàng | desire

神 shén | divine

治理 zhìlǐ | to administer

水灾 shuǐzāi | flood

锅 guō | pot

树枝 shùzhī | branch

夹 jiā | to press from both sides

竹子 zhúzi | bamboo

不仅仅 bù jǐnjǐn | not merely

皇帝 huángdì | emperor

毒 dú | poison

公主 gōngzhǔ | princess

服从 fúcóng | to obey

宁 nìng | (would) rather

注释

送筷子的寓意
Sòng kuàizi de yùyì

Chopsticks are given to newlyweds for a wish of "happy marriage and quick birth", to lovers for a wish of "a pair never to be separated", and to children for a wish of "quick growth".

使用筷子的禁忌
Shǐyòng kuàizi de jìnjì

It is considered disrespectful to stir the food randomly with chopsticks while eating, or to give someone a bowl of rice with a pair of chopsticks stuck in it, or to point at someone with chopsticks while talking.

练 习

一、选词填空。

Fill in the blanks with the words given below.

   A. 普遍   B. 大多   C. 骨头   D. 材料

  最初的筷子 _____ 是用木头或竹子做的，有时也会用动物的 _____ 来做。后来，象牙和玉做成的筷子也得到了 _____ 使用。到了春秋战国时代，又出现了铁筷。之后，又出现了金筷和银筷。到了近代，各种 _____ 的筷子都陆续进入了人们的生活。

二、根据文章选择正确答案。

Choose the correct answer according to the article.

1. 传说中，大禹使用的筷子是用什么做的？（　　）

 A. 金   B. 玉   C. 象牙   D. 树枝

2. 皇帝使用银筷的目的是什么？（　　）

 A. 比较好看

 B. 和民间风俗有关

 C. 检测饭菜里有没有毒

 D. 显示出无人能比的地位

三、根据文章判断正误。

Tell right or wrong according to the article.

（　　）1. 筷子的一头是圆的，表示天。

（　　）2. 筷子是从什么时候开始被人们使用的，还存在疑问。

（　　）3. 最早的筷子是用玉做的。

（　　）4. 筷子只是吃饭的工具。

（　　）5. 婚礼上送给新婚夫妇一双筷子，表示"快点儿生孩子"的意思。

2 古代人怎么看病

早在两千多年以前的周朝,就有给人们看病的医院,可以提供最基本的治疗。为了保证医生的治疗水平,医院会定期考查医生,比如举行考试。成绩越出色的医生,获得的奖金越多。

在古代的中国,医生看病时采用的方法主要是望、闻、问、切。

望,指通过认真地观察病人身体的某些部位来了解病人的大概情况。先看病人的脸色,再看眼睛和鼻子,然后请病人张开嘴巴看舌头。看完之后,对于病人的大概情况,医生就清楚了。

闻,分为两个部分,一是听声音,二是闻味儿。医生通过听病人说话、呼吸的声音和闻病人身上的味道来确定他的状况。

问,指医生通过细致的提问来了解一些相关的信息,比如病人哪个位置不舒服、有没有乱吃东西、睡觉睡得好不好等。

切,就是医生用手摸病人的脉搏来了解病人的情况。

医生在确定了病人的具体问题后,就会根据病人的具体情况来开药。中医的药物种类非常多,大多是植物的一部分,比如叶子、果实、根等。还有少数的药

7

是由动物和石头制作而成的。

那么，这些药应该怎么吃呢？病人回家后，先把药倒进锅里，加入水，大约放十五分钟，然后用火加热三十分钟，加热的时候，一般先用大火烧，再调整成小火。烧好后，把药汤倒进碗里，就可以给病人喝了。一般来说，药汤的味道是苦的，中国人常说的"良药苦口"就是这个意思。

如果喝药汤的效果还不够好的话，医生会试着用其他的治疗方法。比如，用特别细的针扎进病人身上关键的位置，这样可以让病人尽快好起来；或者在一个竹子制作成的罐子里点火，再把罐子盖在病人疼痛的位置上，用加热的方法，赶走身体中的寒气。

虽然中国古代的医疗技术水平不高，但是古代的医生们创造并长期使用这些独特的方法来给病人治病，是中医智慧的体现。传统的中国医学有许多神秘之处，值得我们好好学习和研究。

本级词

提供 tígōng | to provide

治疗 zhìliáo | to cure

出色 chūsè | outstanding

获得 huòdé | to gain

奖金 jiǎngjīn | bonus

了解 liǎojiě | to understand

嘴巴 zuǐba | mouth

对于 duìyú | about

分为 fēnwéi | to divide into

味儿 wèir | scent, smell

呼吸 hūxī | to breathe

细致 xìzhì | careful and thorough

位置 wèizhì | position

摸 mō | to touch

药物 yàowù | medicine

种类 zhǒnglèi | type

植物 zhíwù | plant

叶子 yèzi | leaf

果实 guǒshí | fruit

根 gēn | root

而 ér | (used to connect two semantically relevant words)

加入 jiārù | to add, to join

苦 kǔ | bitter

细 xì | fine, slender

针 zhēn | needle

尽快 jǐnkuài | as soon as possible

盖 gài | to cover

医疗 yīliáo | to give medical treatment (to)

独特 dútè | unique

传统 chuántǒng | traditional

神秘 shénmì | mysterious

研究 yánjiū | (to) research

超纲词

考查 kǎochá | to test
望 wàng | to observe
切 qiè | to take someone's pulse
部位 bùwèi | (body) part
脸色 liǎnsè | complexion, look
鼻子 bízi | nose
舌头 shétou | tongue

脉搏 màibó | pulse
加热 jiārè | to heat
良 liáng | good
扎 zhā | to prick
关键 guānjiàn | key
罐子 guànzi | jar
点火 diǎnhuǒ | to light a fire

练 习

一、选词填空。

Fill in the blanks with the words given below.

    A. 起来   B. 种类   C. 一般来说   D. 植物

中医的药物 _____ 非常多，大多是 _____ 的一部分，比如叶子、果实、根等。还有少数的药是由动物和石头制作而成的。_____，药汤的味道是苦的。病人喝了药，身体会慢慢好 _____。

二、根据文章选择正确答案。

Choose the correct answer according to the article.

1. 关于<u>中国古代给人们看病的医院</u>，下面哪项是不对的？（　　　）

    A. 可以提供最基本的治疗　　　　　　B. 所有治疗都不收费

    C. 两千多年前就有了　　　　　　　　D. 会经常让医生参加考试

9

2. 中医看病的"望"是怎么做的？（　　）

    A. 摸病人的脉搏

    B. 听病人的声音

    C. 问病人的情况

    D. 看病人的脸色

三、根据文章判断正误。

Tell right or wrong according to the article.

（　　）1. 周朝时就出现了医院。

（　　）2. 中国古代医生给病人看病的方法主要是望、闻、问、切。

（　　）3. 吃中药的时候，药和汤都要吃掉。

（　　）4. 药汤的味道一般是甜的。

（　　）5. 除了药物以外，中医还有其他治疗方法。

3 盆中的风景

绿色的森林、宁静的湖面、高高的山峰、形状奇怪的石头、美丽的松树和新鲜的果实,同时被装进一个小小的、造型优美的盆里。你能想象出这样有趣的情景吗?

这就是"盆景",一种以植物和山石作为基本材料,在盆内集中表现自然景色的艺术品。盆景能把大自然无数美丽的风景包含在一个盆中,能把宽广的天地缩小到一个微型的空间,使盆中有景,景中有画,画中有诗。

早在7000多年以前,长江沿岸的人就学会用盆来种植植物了,那就是人类社会中最早的"盆景"。秦汉时期,人们开始用浅盆来放山石,让这些山石成为盆中的风景。到了隋唐和宋朝,人们养花水平不断提高,鲜花、草木和各种果实都可以放进盆中,盆景植物的种类逐渐增加。另外,当时的人们已经具备了比较成熟的修剪技术,因此有条件做出造型更多、更优美的盆景。那时的盆景主要使用的植物是松树,因为松树代表着长寿、勇敢,它们不怕冬季的寒冷,像战士一样宁愿折断也不会倒下,所以深受人们的喜爱。到了元朝,盆景逐渐向小型化发展,变得越来越小,同时也越来越精致。等到了明清时期,已经和今天的盆景没有什么大的区别了。

盆景一般可以分为两大类：树木类和山水类。树木类盆景以树木为主要材料，通常选择小而弯曲的树枝、美丽的鲜花以及色彩鲜艳的果实。不同的树木做成的盆景有不同的含义。比如，松树盆景代表长寿、勇敢，是最常见的盆景种类；俗话说"家有黄杨，福寿绵长"，黄杨盆景据说可以给全家人带来好运气；罗汉松盆景可以给人们带来财富。山水类盆景以石头为主要材料，人们以大自然中的山水为参考，把石头切成山的样子，放进盆里。

盆景是对自然美丽风景的具体而细致的表现，表达了人们对自然的热爱。人们制作盆景、摆放盆景、欣赏盆景，不仅能身临其境、扩展眼界，更是为了放松一下，得到生活中的宁静。

本级词

风景 fēngjǐng | scenery

森林 sēnlín | forest

宁静 níngjìng | tranquil

松树 sōngshù | pine (tree)

新鲜 xīnxiān | fresh

造型 zàoxíng | modelling

优美 yōuměi | graceful

想象 xiǎngxiàng | to imagine

有趣 yǒuqù | interesting

情景 qíngjǐng | scene

无数 wúshù | innumerable

宽广 kuānguǎng | broad

缩小 suōxiǎo | to narrow

空间 kōngjiān | space

诗 shī | poem

种植 zhòngzhí | to plant

浅 qiǎn | shallow

鲜花 xiānhuā | fresh flower

逐渐 zhújiàn | gradually

具备 jùbèi | to possess

勇敢 yǒnggǎn | brave

冬季 dōngjì | winter

寒冷 hánlěng | cold

战士 zhànshì | warrior

喜爱 xǐ'ài | love

小型 xiǎoxíng | small-scale

选择 xuǎnzé | to select

而 ér | and

以及 yǐjí | as well as

色彩 sècǎi | color

含义 hányì | meaning

运气 yùnqi | luck

参考 cānkǎo | reference

切 qiē | to cut

扩展 kuòzhǎn | to extend

放松 fàngsōng | to relax

超纲词

盆 pén | pot, basin

山峰 shānfēng | (mountain) peak

以 yǐ | with, by

天地 tiāndì | heaven and earth

微型 wēixíng | miniature

景 jǐng | scenery

沿岸 yán'àn | coastland

时期 shíqī | period

修剪 xiūjiǎn | to trim

长寿 chángshòu | longevity

宁愿 nìngyuàn | would rather

弯曲 wānqū | curved, winding

鲜艳 xiānyàn | bright-colored

俗话 súhuà | common saying

摆放 bǎifàng | to arrange

欣赏 xīnshǎng | to appreciate

身临其境 shēnlínqíjìng | to be personally on the scene

眼界 yǎnjiè | field of vision

注释

盆景
Pénjǐng

A traditional gardening art of China, the potted landscape features a miniature of natural landscape created with plants and rockery in a pot.

松树
Sōngshù

Pine trees, evergreen and highly adaptable to the environment, are considered a symbol of tenacity, strength, grace and longevity, representing the spirit of perseverance.

练 习

一、选词填空。

Fill in the blanks with the words given below.

      A. 缩小   B. 优美   C. 松树   D. 新鲜

把宽广的天地 _____ 到微型的空间，把绿色的森林、宁静的湖面、高高的山峰、形状奇怪的石头、美丽的 _____ 和 _____ 的果实都装进一个小小的、造型 _____ 的盆里，这就是"盆景"。

二、根据文章选择正确答案。

Choose the correct answer according to the article.

1. 下列选项中，哪一个不是松树包含的意义？（   ）

    A. 长寿   B. 勇敢   C. 财富   D. 不怕寒冷

2. 盆景向小型化发展，出现在哪个朝代？（   ）

    A. 唐朝   B. 宋朝   C. 元朝   D. 明朝

三、根据文章判断正误。

Tell right or wrong according to the article.

（   ）1. 7000多年以前，黄河附近的人就学会用盆来种植植物了。

（   ）2. 秦汉时期，人们只在盆景中摆放植物。

（   ）3. 明清时期的盆景和今天没有太大的区别。

（   ）4. 盆景一般可以分为两大类：树木类和山水类。

（   ）5. 罗汉松盆景是最常见的盆景种类。

4 中国画画什么

如果说书法是无图的画,那么,中国画就是有图的诗。中国画是中国传统文化的重要组成部分,也是中华文明史中最宝贵、最优美的艺术之一。中国画记载着人们的感情、心理和行为,画家们把看到或遇到过的事物、经历加入到自己的画中,花了很多精力,也投入了格外丰富的思想。

根据历史记载,最早的中国画是伏羲(Fúxī)的《八卦(Bāguà)图》。《八卦图》里包含了天、地、阴、阳、水、火、风、雷等各种事物,体现了中国古代人民对万物的理解。

秦朝时的画也属于早期的中国画,当时的画一般是画在墙上的。画的主要内容大多是神话里的人物和动物,比如"西王母""青龙""白虎""朱雀(Zhūquè)""玄武(Xuánwǔ)"等。画的风格很活泼,使用了各种各样的颜色,表现出强烈的情感。

汉朝的时候,出现了更多反映人们日常生活的绘画作品。作品内容包括聚会、出行等主题,表现了人们对幸福生活的追求。汉代最著名的绘画形式是"壁画",看着一张张生动的"壁画",我们好像立刻回到了几千年前的社会,看到了当时人们的各种生活情景。

在唐朝时,中国画迅速发展,出现了著名的画家吴道子,他善于创新,因此被人们称为"画圣"。宋朝是中国绘画史上的一个重要阶段,那时的中国画表现

出了以前从没有过的细致与丰富。著名画家张择端的作品《清明上河图》是中国，甚至是世界绘画史上最有价值的作品之一。《清明上河图》宽24厘米，长528厘米，全面地记录了当时首都汴京（Biànjīng）（就是今天的开封（Kāifēng））百姓们的日常生活，具有很高的历史和文化价值。

元朝时，山水画发展到了一个新的高度，著名画家黄公望的《富春山居图》被人们称为"画中之兰亭"，是山水画中最优秀的作品之一。这幅画表现了富春江两岸的景色：江边的山上长满了松树，看起来有点儿模糊；江水非常平静，一眼看不到边际，好像延伸到了天边，江水的颜色和云的颜色一样；江中有一条小船，独自停在宽广的水面上。

中国画中包含着丰富多样的艺术风格和类型，代表着数千年来中华文明的不断延续和发展。

本级词

无 wú | to be without
宝贵 bǎoguì | valuable
记载 jìzǎi | to record
心理 xīnlǐ | psychology
遇到 yùdào | to encounter
事物 shìwù | thing
精力 jīnglì | energy
投入 tóurù | to put into

格外 géwài | especially
雷 léi | thunder
神话 shénhuà | mythology
风格 fēnggé | style
反映 fǎnyìng | to reflect
主题 zhǔtí | theme
追求 zhuīqiú | pursuit
著名 zhùmíng | famous

迅速 xùnsù | rapid
阶段 jiēduàn | stage, phase
甚至 shènzhì | even
宽 kuān | wide
厘米 límǐ | centimeter (cm)
优秀 yōuxiù | outstanding

江 jiāng | river
平静 píngjìng | calm
独自 dúzì | alone
多样 duōyàng | diversified, various
类型 lèixíng | type
延续 yánxù | to continue

超纲词

中国画 Zhōngguó huà | Chinese painting
书法 shūfǎ | calligraphy
早期 zǎoqī | early stage
人物 rénwù | character
活泼 huópō | lively
绘画 huìhuà | to draw
出行 chūxíng | to go on a journey
壁画 bìhuà | mural, wall painting

高度 gāodù | height, altitude
幅 fú | (a measure word for paintings, photos, cloth, etc.)
岸 àn | bank, coast
模糊 móhu | vague, dim
边际 biānjì | limit, boundary
延伸 yánshēn | to extend

练习

一、选词填空。

Fill in the blanks with the words given below.

  A. 平静 B. 独自 C. 称 D. 优秀

《富春山居图》被人们 _____ 为"画中之兰亭"，是山水画中最 _____ 的作品之一。这幅画表现了富春江两岸的景色：江边的山上长满了松树，看起来有点儿模糊；江水非常 _____ ，一眼看不到边际，好像延伸

17

到了天边，江水的颜色和云的颜色一样；江中有一条小船，_____ 停在宽广的水面上。

二、根据文章选择正确答案。

Choose the correct answer according to the article.

1. 哪位画家被人们称为"画圣"？（   ）

   A. 伏羲　　　B. 吴道子　　　C. 张择端　　　D. 黄公望

2. 《清明上河图》表现了一幅什么样的情景？（   ）

   A. 神话人物　　　　　　B. 阴阳八卦

   C. 富春山的景色　　　　D. 老百姓的日常生活

三、根据文章判断正误。

Tell right or wrong according to the article.

（   ）1. 历史上最早的中国画是《八卦图》。

（   ）2. 秦朝时，画的主要内容是真实的人物和大自然中的动物。

（   ）3. 汉朝的画大多反映了人们的日常生活，包含聚会、出行等。

（   ）4. 《清明上河图》记录了北京老百姓的生活。

（   ）5. 《富春山居图》是最优秀的山水画作品之一。

5 中国龙

遥远的东方有一条龙,它的名字叫中国。遥远的东方有一群人,他们就是中国人,被称为"龙的传人"。龙,已经成为中国的独特标志。

龙是中国古代的传统图案之一。从古到今,龙的形象是如何变化的呢?目前已发现的最早的"中国龙"叫"猪首龙",其实是用猪头骨做成龙头,用石头做成弯曲的龙身,已经有8000多年的历史。人们还发现了玉做成的龙,最早的也有5000多年的历史。这些早期的"中国龙"基本上都是猪的头、蛇的身体,头和耳朵都比较大。

后来的"中国龙",在造型上更加丰富,除了原来的猪头以外,还出现了鱼头、马头等,但无论是哪种龙,都是用蛇的形象作为身体。在古代,人们只要被蛇咬就会有生命危险,所以人们特别害怕蛇,把蛇的特征也作为龙的一部分,表现了人们对于这种动物的敬畏。

龙是一种图腾。图腾是什么?还得先从"部落"说起。在古代,一个家庭中的所有成员都使用一个共同的姓,他们居住在一起,形成了一个小型团体,就叫做"部落"。每个部落都有一个独特的标志,标志上的图案包含着部落中人们的愿望,这就是"图腾"。古代人虽然害怕蛇,但是又特别希望获得蛇的力量,所以很多部落会用蛇作为图腾。除了蛇以外,被用来作为图腾的常见动物还有鱼、虎、鹰、牛、熊、马等。

部落与部落之间,为了争夺食物、土地等资源,就难免会发生战争,胜利者获取失败者的土地,来扩大自己的部落。传说中有一个强大的部落,这个部落的图腾是蛇,它不断对其他部落发动战争,每次获得胜利之后,就会从失败部落的图腾上选择一部分加到自己部落的图腾上。如果战胜了一个以鹿作为图腾的部落，就把鹿角加到蛇头上；战胜了一个以鹰作为图腾的部落，就把鹰爪加到蛇身上；战胜了一个以马作为图腾的部落，就把蛇的头换成马的头；战胜了一个以牛作为图腾的部落，就把牛的耳朵也加到马头上。这样渐渐积累下来，就形成了我们今天看到的龙的样子。

到了商朝，中国龙的样子已经基本定型了。在汉朝之后，龙的地位显著提高，所以龙的形象也比之前高大了很多。宋朝之后出现了三爪龙、四爪龙、五爪龙的区别，五爪龙代表皇帝，四爪龙代表地位较高的大官，三爪龙代表地位较低的小官。

在中国的神话故事中，有许多关于龙的传说；传统节日中，也有很多关于龙的风俗。龙在中国有着极高的地位，龙的形象包含着中国人民对美好生活的追求，也反映出中国人民不怕困难的精神。所以，中国人被称为"龙的传人"。

本级词

标志 biāozhì | sign, symbol

无论 wúlùn | whatever

特征 tèzhēng | characteristic

居住 jūzhù | to live

土地 tǔdì | land

资源 zīyuán | resources

难免 nánmiǎn | hard to avoid

获取 huòqǔ | to obtain

失败 shībài | to be defeated

扩大 kuòdà | to expand

战胜 zhànshèng | to defeat, to overcome

渐渐 jiànjiàn | gradually

积累 jīlěi | to accumulate

显著 xiǎnzhù | remarkable

官 guān | official

极 jí | extremely

超纲词

遥远 yáoyuǎn | distant

传人 chuánrén | descendant

首 shǒu | head

蛇 shé | snake

耳朵 ěrduo | ear

咬 yǎo | to bite

敬畏 jìngwèi | to hold in awe and veneration

用来 yònglái | to serve as

虎 hǔ | tiger

鹰 yīng | hawk, eagle

熊 xióng | bear

争夺 zhēngduó | to fight for

爪 zhǎo | claw

定型 dìngxíng | to finalize the design

高大 gāodà | tall and big

注释

图腾
Túténg

A totem is the emblem or symbol of a primitive tribe created in the worship of nature. Often used to explain myths, prehistoric records and folklore, totems are one of the earliest cultural phenomena in human history.

练习

一、选词填空。

Fill in the blanks with the words given below.

A. 独特　　　B. 扩大　　　C. 资源　　　D. 难免

每个部落都有一个_____的标志，有的是马，有的是蛇，有的是熊，也有的是老虎。部落之间，为了争夺食物、土地等_____，就_____会发生战争，胜利者获取失败者的土地，来_____自己的部落。

二、根据文章选择正确答案。

Choose the correct answer according to the article.

1. 最早的中国龙造型是什么样子的？（　　　）

   A. 马头蛇身　　　　　　　　B. 猪头蛇身
   C. 虎头蛇身　　　　　　　　D. 鹿头蛇身

2. 有五个爪子的龙通常代表谁？（　　）

　　A. 皇帝　　　　　　　　　B. 皇帝的儿子

　　C. 地位高的大官　　　　　D. 地位低的小官

三、根据文章判断正误。

Tell right or wrong according to the article.

（　　）1. 不管什么造型的中国龙，都用蛇的形象作为身体。

（　　）2. 每个部落的图腾都是一样的。

（　　）3. 图腾包含了部落中人们的愿望。

（　　）4. 到了汉朝，中国龙的样子才基本定型。

（　　）5. 中国人被称为"龙的传人"，是因为中国龙的形象包含着中国人民对美好生活的追求，也反映出中国人民不怕困难的精神。

6 猜猜这些汉字是什么意思

中国有五千多年的历史，在这么长的时间里，很多优良的传统文化能够延续到今天，最重要的原因是有汉字的帮助。如果缺少了汉字记录，多年的文明就会逐渐消失，无法流传下来。

汉字的历史也很长。为了方便书写、更好地记载历史与传播知识，汉字经历了几次巨大的变化。

还没有文字的时候，人们想要记录日常生活和重大事件，主要依靠头脑记忆和口头传播，可是要记录的事情越来越多，脑袋里装不下那么多，怎么办呢？有人想出画画儿的方式来表达意思，发生了什么就画下什么，既方便又容易理解。于是，这个方法就成为当时人们最常用的记录方式。

画着画着，人们发现，这样花的时间太多了。为了加快速度，人们就想办法把画上的常用部分转变成了简单的符号。后来，人们开始为常见的符号制定规则，统一了它们的书写标准。确定好规则和标准后，就把它们作为正式的文字，刻在龟壳或者动物的骨头上。历史学家认为，这些带着符号的"画"就是中国最早的文字。

汉字最初来源于一张张生动形象的画儿，因此，根据当时一个汉字的样子，我们完全可以想象出一张优美的图画。

比如，"人"这个字就好像一个站着的人，"木"就好像一棵正在生长的树。看到"休"这个字，就可以想象出一个人靠在树旁休息的样子。

牛　马　羊　人　木　休　日　月　明　采　目

再比如，最早的"日"字是画一个圆来表示太阳的形状，中间再加上一个点，表示太阳发出的光。看到"月"字，可以想象弯弯的月亮像小船一样挂在天上。"明"字是太阳和月亮互相依靠，那么天空一定被照得亮极了。

"采"字是由"爪"和"木"构成。"爪"像不像一只手的形状？"木"代表树。用手从树上获取果实，这个动作就被称为"采"。

"泪"字是由左边的"三点水"和右边的"目"构成。"目"就是眼睛，从眼睛里流出来的水就是"泪水"，也叫"眼泪"。

汉字不仅有趣，而且含义丰富。让我们一起进入美丽而神奇的汉字王国吧！

本级词

优良 yōuliáng | excellent

多年 duōnián | many years

无法 wúfǎ | to be unable (to do sth)

流传 liúchuán | to spread

巨大 jùdà | huge

依靠 yīkào | to rely on

脑袋 nǎodai | head

符号 fúhào | symbol

规则 guīzé | rule

统一 tǒngyī | to unify

来源 láiyuán | to come (from); source

棵 kē | (a measure word for plants)

构成 gòuchéng | to form, to constitute

泪 lèi | tear

泪水 lèishuǐ | tear

眼泪 yǎnlèi | tear

超纲词

猜 cāi | to guess

书写 shūxiě | to write

记忆 jìyì | to remember; memory

口头 kǒutóu | oral

刻 kè | to carve

龟壳 guīké | tortoise shell

采 cǎi | to pick

注释

甲骨文
Jiǎgǔwén

The oracle bone script, used mainly in the late Shang Dynasty, is the earliest known form of Chinese writing. As of November 2022, 4,000 Chinese characters were identified on a total of 150,000 oracle bone fragments found in China.

练 习

一、选词填空。

Fill in the blanks with the words given below.

A. 有趣　　　B. 来源　　　C. 想象　　　D. 丰富

汉字最初 _____ 于一张张生动形象的画儿，所以很多时候，一个古汉字的样子可以让人 _____ 出一张优美的图画。汉字不仅 _____，而且含义 _____。

二、根据文章选择正确答案。

Choose the correct answer according to the article.

1. 关于汉字，下面哪一种说法是不对的？（　　　）

    A. 汉字中包含了符号　　　　　　B. 是与人类一起产生的

    C. 是中国文化的一部分　　　　　D. 曾经被刻在动物的骨头上

2. "泪"字中的"目"像什么？（   ）

    A. 水   B. 脸   C. 眼睛   D. 太阳

三、根据文章判断正误。

Tell right or wrong according to the article.

（   ）1. 汉字是中国文化能够流传下来的重要原因。

（   ）2. 在文字出现以前，人们用唱歌的方式交流。

（   ）3. 最早的汉字是写在纸上的。

（   ）4. 用画画儿的方法来书写是最快的。

（   ）5. "采"字的样子好像一只鸟站在树上。

7 汉字的历史

汉字有几千年的历史。在漫长的汉字发展过程中，为了让汉字能被更多人掌握，也为了使汉字的造型更加独特、形式更加优美、结构更加鲜明，中国人对汉字不断进行加工改造。从古到今，汉字经历了相当大的变化，你会发现有些汉字的古代形式和现代形式完全不一样。

最早的汉字就像一张张"画"，是古代的中国人参考了事物的特征，并按照这些特征画出来的结果。只要看到这张"画"，就能立即猜出这个字所要反映的事物和表达的意思。因为字和事物的样子很接近，所以叫作"象形字"。古代人通常把它们刻在龟壳、动物的骨头和青铜制作的东西上，因此也叫作"甲骨文"和"金文"。

战国时期，中国的土地上分散着很多小国，每个国家都独立使用各自的货币、文字、车马。秦始皇统一中国以后，在全国推广一种新的文字——小篆。全国各地的人都必须用它来书写，这样，不同地区的人就能互相读懂书信和文件了。小篆中运用的直线比曲线更多，结构更简单，已经渐渐脱离了最初"画"的样子。

汉朝时，人们主要使用的书写形式是隶书。隶书是在小篆的基础上发展出来的，形态看起来比小篆简单，整个字的各个部分比较平均，左、右、上、下的大小基本一致。

在隶书之后，又产生了楷书，楷书方方正正，容易阅读和书写，实用性非常强。不过楷书需要一笔一画慢慢地写，所以写字速度比较慢。而草书正好相反，造型比较自由，书写速度很快，就像河里流动的水、天上漂浮的云一样，能充分体现书法的特色，表达书法家的情感。

在楷书和草书之间，还有行书。它既不像楷书那么整齐、方正，也不像草书那么灵活、自由，写起来很随意，看上去又很美观，因此受到不少人喜爱。中国书法史上最出色的行书作品是"书圣"王羲之的《兰亭序》，被称为"天下第一行书"。

关于汉字的历史，你了解了吗？有机会的话去博物馆欣赏一下吧。

本级词

结构 jiégòu | structure

鲜明 xiānmíng | distinct

参考 cānkǎo | to take sth as a reference

立即 lìjí | immediately

分散 fēnsàn | to disperse

独立 dúlì | independent, independently

运用 yùnyòng | to use

平均 píngjūn | average

一致 yízhì | identical

阅读 yuèdú | to read

实用 shíyòng | practical

相反 xiāngfǎn | opposite

充分 chōngfèn | fully, sufficiently

超纲词

漫长 màncháng | (of time or road) very long

掌握 zhǎngwò | to grasp

青铜 qīngtóng | bronze

货币 huòbì | currency

直线 zhíxiàn | straight line

曲线 qūxiàn | curved line

脱离 tuōlí | to break away from

形态 xíngtài | shape

流动 liúdòng | (of liquid or gas) to flow

漂浮 piāofú | to float

灵活 línghuó | nimble

随意 suíyì | at will; at random

美观 měiguān | pleasing to the eye

天下 tiānxià | land under heaven — the world or the whole country

博物馆 bówùguǎn | museum

注释

王羲之
Wáng Xīzhī

Wang Xizhi (303–361), a minister of the Eastern Jin Dynasty, was also a famous calligrapher of his time and known as the "Sage of Calligraphy".

《兰亭序》
Lántíngxù

The Preface to the Orchid Pavilion Collection was written by Wang Xizhi in 353 when he and his friends partied in Shanyin (now Shaoxing, Zhejiang Province) and composed poems.

练习

一、选词填空。

Fill in the blanks with the words given below.

A. 自由　　　B. 受到　　　C. 整齐　　　D. 之间

在楷书和草书 _____，还有行书，它既不像楷书那么 _____、方正，也不像草书那么灵活、_____，写起来很随意，看上去又很美观。因此，行书 _____ 不少人喜爱。

二、根据文章选择正确答案。

Choose the correct answer according to the article.

1. 楷书的书写风格是什么？（　　　）

  A. 方正　　　　　B. 迅速　　　　　C. 自由　　　　　D. 灵活

2. 秦始皇统一中国后，在全国推广的文字是哪一种？（　　　）

  A. 大篆　　　　　B. 小篆　　　　　C. 隶书　　　　　D. 行书

三、根据文章判断正误。

Tell right or wrong according to the article.

（　　　）1. "象形字"是指字的样子与事物的样子很接近。

（　　　）2. 甲骨文和金文是刻在龟壳、动物骨头和黄金上的文字。

（　　　）3. 隶书是在小篆之后产生的。

（　　　）4. 草书的缺点是书写速度很慢。

（　　　）5. 王羲之的《兰亭序》被称为天下最好的行书作品。

8 神话中的巨树

"睡着三千年，睡醒惊世界。"这句话说的就是"三星堆"遗址，它是一个让全世界震惊的考古发现。

今天，我们就来讲讲关于"三星堆"的那些事儿。

中国四川省广汉市有一个"三星村"，村里有三个看上去极其普通的小土堆，它们排列得很规律，就像天空中的三颗星星，所以被称为"三星堆"。

1921年，一个当地的农民在"三星堆"附近的田地劳动时，从土里挖出了一些玉做成的东西，但当时并没有引起重视。1963年，研究古代历史文化的专家们注意到了它们的价值，并决定继续挖下去，期待会有新的发现。

结果没有让专家们失望。1986年7月18日，大家发现了一个长约4.5米、宽约3.3米的大坑。这个坑由很多层构成：第一层大约有0.5米厚，在这层中有许多动物的骨头和人类的骨头。第二层摆放了一些用玉制作的东西。在第三层发现了一些人类的头像，是用青铜做的，有男有女。这些头像都具备相同的特征：鼻子很高，眼睛很深，样子与现代人并不相似。除了这些头像以外，还有一些青铜做成的武器、动物等。第四层里还有不少大海里才会有的宝贝。

在所有文物里，最著名的是一棵用青铜做成的神树。神树被发现时已经破成了好几百块，考古学家们用了大约十年的时间去修补，才把它变回原来的样子。经过修补后的神树巨大无比，它高4米，分为三层，每一层都有三根树枝，每根树枝上还停着一只鸟。专家们认为，神树实际上应该有四层，顶上还有一层，在顶层上可能会有一只更大、更美的太阳神鸟，但是现在已经找不到了。为什么可能存在第十只鸟呢？这还要从《山海经》说起。

《山海经》是一本记录中国古代神话故事的书。书中有这样一个故事：天上一共有十个太阳，它们变成了十只鸟，其中九只住在神树的下半部分，一只住在顶上。十个太阳轮流工作，也就是说，我们每天看到的太阳其实是不同的。在"三星堆"发现的神树上正好停着九只鸟，比故事中少了一只，这大概就是专家们认为会有第十只鸟的根据。

根据《山海经》的记载，在很久以前，世界上有三棵神秘的树：一棵是东方的"扶木"，它生长在太阳升起的地方；一棵是西方的"若木"，它生长在太阳落下的地方；还有一棵是中部的"建木"，它连接着天上和人间。在"三星堆"发现的这棵神树，可能是综合了"扶木""若木""建木"三棵神树的特点。

"三星堆"就是一个大宝藏，或许还有更多的秘密等待我们去发现。

本级词

睡着 shuìzháo | to fall asleep

醒 xǐng | to wake up

极其 jíqí | extremely

排列 páiliè | to arrange

规律 guīlǜ | regular

引起 yǐnqǐ | to cause, to arouse

期待 qīdài | to expect

失望 shīwàng | to be disappointed

厚 hòu | thick

宝贝 bǎobèi | treasure

顶 dǐng | top

落 luò | to drop down

综合 zōnghé | to synthesize

或许 huòxǔ | perhaps

秘密 mìmì | secret

超纲词

惊 jīng | to startle

遗址 yízhǐ | ruins

全世界 quán shìjiè | all the world

震惊 zhènjīng | to shock

考古 kǎogǔ | archaeology

土堆 tǔduī | mound

颗 kē | (a measure word for things small and roundish)

田地 tiándì | field

劳动 láodòng | to work

挖 wā | to dig

坑 kēng | pit

头像 tóuxiàng | head sculpture

与 yǔ | with

文物 wénwù | cultural relic

修补 xiūbǔ | to mend and repair

无比 wúbǐ | incomparable

轮流 lúnliú | to take turns

也就是说 yě jiù shì shuō | in other words

人间 rénjiān | (human) world

宝藏 bǎozàng | treasure-trove

注释

三星堆
Sānxīngduī

The site of the Sanxingdui prehistoric culture is dated 4,800−2,600 years ago, roughly the late Neolithic period to the early Zhou dynasty. The site is named after three mounds of loess and a moon-shaped terrace. The most famous artifacts are a huge bronze tree and a number of bronze masks.

《山海经》
Shānhǎijīng

The Classic of Mountains and Seas is an ancient encyclopedia of geography, history, mythology, astronomy, animals, plants, medicine, religion, as well as anthropology, ethnology, oceanography and the history of science and technology.

练 习

一、选词填空。

Fill in the blanks with the words given below.

  A. 原来 B. 成 C. 著名 D. 所有

  在 _____ 文物里，最 _____ 的是一棵用青铜做成的神树。神树被发现时已经破 _____ 了好几百块，考古学家们用了大约十年的时间去修补，才把它变回 _____ 的样子。

二、根据文章选择正确答案。

Choose the correct answer according to the article.

1. 关于"三星堆"，下面哪一个是正确的？（ ）

  A. 在中国云南省

  B. 是天上的三颗星星

  C. 里边的文物都保存得很好

  D. 刚被发现时并没有受到重视

2. 关于神树，下面哪一个是正确的？（ ）

  A. 共分成九层

  B. 是用玉做成的

  C. 每层有三根树枝

  D. 树上共有三只小鸟

三、根据文章判断正误。

Tell right or wrong according to the article.

（　　）1. "三星堆"排列得像天空中的三颗星星。

（　　）2. 从1963年开始，学者们开始重视"三星堆"。

（　　）3. 在"三星堆"中发现的青铜头像的特征与现代人差不多。

（　　）4.《山海经》是一本记录中国古代神话故事的书。

（　　）5. "若木"是一棵用来连接天上和人间的树。

9 纸是怎么做出来的

造纸术是中国古代四大发明之一，也是人类文明史上的一项伟大发明创造。

在纸出现之前，人们一般使用什么来记录发生过的事情呢？最初，人们把一些符号画在陶器上。后来，又刻在龟壳或者动物的骨头上。到了商朝，还有刻在青铜器上的文字。春秋时期，人们把木头或者竹子切成片，然后用麻绳连接起来，这就是"木简"和"竹简"。然而，木简和竹简十分沉重，既不方便运输，也不便于阅读，使用的限制很多。

中国人在几千年以前就发现，大自然中有一种蚕，它吐出来的丝可以制作成衣服。人们学会了养蚕、抽丝，从中挑选出质量优良的丝做成衣服，剩下的做成了蚕丝薄片。把这些蚕丝薄片放在太阳下晒，晒干后取下来，就可以直接用来写字了。当时人们称它为"方絮"，这也是中国古代最早的纸。

秦朝的时候，人们同时使用竹简和"方絮"进行书写，"方絮"虽然比竹简轻便得多，但由于它十分珍贵，价格非常高，所以人们一直在寻找一种既轻便又便宜的材料来代替它。

东汉的时候，有一个叫蔡伦的人改进了造纸的方法。当时社会上已经出现了用麻制作成的纸，不过这种纸质地很粗糙，不太适合写字，而且价格也不便宜。于是，蔡伦就在用麻制作成的纸的基础上，不断试着使用其他种类的材料来改善纸的质量。后来，蔡伦发现可以用破布、树皮等东西来代替麻，用这些材料制作出来的纸，价格降低了不少，但这种纸的质地还是不够细，很难写字。蔡伦又研究了很长时间，终于有了新的发现：在造纸的过程中加入石灰，这样一来，破布、树皮等原料做出的纸不仅质地更细，而且颜色更白。

造纸术的发明和改进，让书写变得便捷了，为文学、绘画和书法创造了条件，促进了文化的发展。

本级词

沉重 chénzhòng | heavy

限制 xiànzhì | to limit

挑选 tiāoxuǎn | to select

质量 zhìliàng | quality

薄 báo | thin

晒 shài | to bask

寻找 xúnzhǎo | to seek

代替 dàitì | to replace

改善 gǎishàn | to improve

降低 jiàngdī | to reduce

原料 yuánliào | raw materials

促进 cùjìn | to promote

超纲词

造纸术 zàozhǐshù | paper-making technology

陶器 táoqì | earthenware

青铜器 qīngtóng qì | bronzeware

麻绳 máshéng | hemp rope

连接 liánjiē | to connect

便于 biànyú | to be easy to

蚕 cán | silkworm

吐 tǔ | to spit

丝 sī | (natural) silk

剩下 shèngxia | leftover

絮 xù | wad (of cotton, silk, etc.)

轻便 qīngbiàn | light; portable

珍贵 zhēnguì | valuable

麻 má | hemp

质地 zhìdì | texture

粗糙 cūcāo | coarse

石灰 shíhuī | lime

这样一来 zhèyàng-yìlái | hence

便捷 biànjié | convenient

注释

四大发明
sì dà fāmíng

The Four Great Inventions of ancient China refer to paper-making, compass, gunpowder and movable type printing, which helped to promote the political, economic and cultural development of China and even the world.

练习

一、选词填空。

Fill in the blanks with the words given below.

  A. 直接 B. 晒 C. 大自然 D. 制作

中国人在几千年以前就发现，_____ 中有一种蚕，它吐出来的丝可以 _____ 成衣服，还可以做成薄片。蚕丝薄片在太阳下 _____ 干后，就可以 _____ 用来写字了。

二、根据文章选择正确答案。

Choose the correct answer according to the article.

1. 记录事情的符号一般不会出现在什么地方？（ ）
  A. 陶器上   B. 石头上
  C. 青铜器上   D. 动物的骨头上

2. 用麻制作成的纸有什么特点？（　　　）

　　A. 适合写字　　　　　　　　B. 质地很细

　　C. 价格较贵　　　　　　　　D. 使用限制多

三、根据文章判断正误。

Tell right or wrong according to the article.

（　　）1. 竹简和木简是人们把竹子和木头切成片做的。

（　　）2."方絮"非常重，阅读时很不方便。

（　　）3. 蔡伦是纸的发明者。

（　　）4. 在造纸时，加入一些石灰的话，纸会变得更白。

（　　）5. 造纸术的发明和改进促进了文化的发展。

10 西安的城墙

　　西安是中国一座相当古老的城市,被人们称为"十三朝古都",也就是说,从古到今,这个城市曾经是13个朝代的首都。

　　在历史上,西安还有另外一个名称——长安。公元前202年,刘邦建立了大汉王朝,把首都定在长安,"长安"这个名字包含着人们对国家长久平安的期待,反映了人们对稳定生活的追求。后来,隋、唐等王朝也陆续选择长安作为首都。从古到今,中国各个朝代总共建立过217个首都,其中西安做首都的时间最长,前后共达到了一千多年,这在历史上是非常少见的。

　　西安给我们留下了无数文化遗产,其中之一就是城墙。最早的城墙是在隋朝时建造的。到了唐朝,为了能够更好地维护城市安全,人们把城墙的厚度增加了2米,高度也增加了1米。到了明朝和清朝时,城墙已经渐渐老旧,损坏得很严重,于是人们又重新修复,就形成了今天我们所看到的西安城墙。因此,西安城

墙也叫作"西安明城墙"。修复过的城墙比原来的更加高大，整体造型是长方形，城墙内的面积大约有11.32平方千米。

西安城墙是中国现在保存着的规模最大、最完整的古代城墙，可以算是一本"无字的史书"。城墙共有四个城门，分别是东门长乐门、西门安定门、南门永宁门和北门安远门，这四个名字中包含了人们对"长安永安"的美好愿望。

如果说城墙是西安的标志，那么永宁门就是西安城墙的标志。永宁门位于西安城墙的正南边，是西安年代最久的一个城门。永宁门在古时候还有一个特殊的功能：来访的外国客人一般都从这里进入西安城。

从城外走进永宁门，首先看到的就是月城，形状像弯弯的月亮，给客人们提供了休息的场所。月城后面是箭楼，这是保护城市的作战建筑。只要老百姓在城墙内，就不用害怕敌人突然出现。

城墙年年保护着城市中的百姓，正因为有了它，大家才能过上舒适稳定的生活。我们看着城墙，心里就自然会产生一种安全感；走上城墙，就好像看到了千年之前那个古老的中国。

本级词

定 dìng | to set
稳定 wěndìng | stable
总共 zǒnggòng | altogether, in total
遗产 yíchǎn | legacy
维护 wéihù | to maintain
严重 yánzhòng | serious

平方 píngfāng | square
规模 guīmó | scale
特殊 tèshū | special
敌人 dírén | enemy
舒适 shūshì | comfortable

超纲词

城墙 chéngqiáng | city wall
朝代 cháodài | dynasty
公元前 gōngyuánqián | Before the Common Era (BCE)
王朝 wángcháo | imperial court
长久 chángjiǔ | for a long time
少见 shǎojiàn | rare
建造 jiànzào | to build

厚度 hòudù | thickness
损坏 sǔnhuài | to damage
修复 xiūfù | to repair
算是 suànshì | considered to be
来访 láifǎng | to come to visit
作战 zuòzhàn | to fight a battle
建筑 jiànzhù | building

注释

长安
Cháng'ān

Chang'an is the ancient name of Xi'an, the capital of Shaanxi Province. It was the capital of 13 dynasties between the 11th century BCE and the 10th century CE. Xi'an, along with Rome, Cairo and Athens, is known as one of the four ancient capitals of the world.

练 习

一、选词填空。

Fill in the blanks with the words given below.

A. 达到　　　B. 首都　　　C. 少见　　　D. 曾经

从古到今，中国各个朝代总共建立过217个 _____，其中西安（长安）做首都的时间最长，前后共 _____ 了一千多年，汉、隋、唐等13个朝代都 _____ 把长安作为首都，这在历史上是非常 _____ 的。

二、根据文章选择正确答案。

Choose the correct answer according to the article.

1. 西安城墙最早是什么时候建造的？（　　　）

　A. 隋朝　　　B. 唐朝　　　C. 明朝　　　D. 清朝

2. 西安城墙中年代最久的是哪个城门？（　　）

　　A. 东门　　　　B. 西门　　　　C. 南门　　　　D. 北门

三、根据文章判断正误。

Tell right or wrong according to the article.

（　　）1. 西安曾经是11个朝代的首都。

（　　）2. "长安"这个名字中包含了老百姓对国家长久平安的期待。

（　　）3. 我们今天看到的西安城墙是唐朝重新修复过的。

（　　）4. 今天的西安城墙是中国现在保存着的规模最大、最完整的古代城墙。

（　　）5. 月城是外国客人们进入城墙后可以休息的地方。

11 你不知道的端午

  说到端午节，你首先会想到的是什么呢？是各种口味的粽子？是激烈的龙舟比赛？还是伟大的诗人屈原（Qū Yuán）？

  关于端午这个节日的起源，大部分人所知道的故事是这样的：在战国时代的楚国，有个叫屈原的人，为了促使他的国家逐步强大起来，经常给楚王提出各种治理国家的建议，但是楚王并不愿意采用，甚至还怀疑他。后来，楚国被秦国打败了，屈原十分痛苦。有一天，他独自走到江边，抱着一块大石头跳江而死。老百姓听说以后都很着急，他们急忙赶到江边，把米饭做成的团子不断投进江里，又朝江里倒了些酒，希望这么做能阻止江里的鱼虾吃掉屈原的身体。后来，人们就把这一天定为端午节，用来纪念屈原。

上面这个故事,大家都很熟悉,但事实上并不是这样,其实在屈原生活的战国时代以前,就有端午节了。

端午节那天是农历的五月五日。在古代,五月的天气热极了,空气还很潮湿,给各种虫子提供了生存的环境。这些虫子大部分是有毒的,它们严重危害了人们的健康和生命。因此,古代人又称五月为"毒月",大家都认为五月会给人带来坏运气,而五月五日这一天被认为是一年中最糟糕的一天。为了避免毒虫的伤害,人们通常会在这一天用泡过中药的水洗澡,并且把一些有香味的植物戴在身上,赶走毒虫。后来这个风俗一直流传了下来。

端午节吃粽子是另外一个重要的风俗,不过你知道吗?其实粽子的历史比端午节更久。

早在先秦时代,就已经有和粽子差不多的食物了,但不叫"粽子",而是叫"角黍"。"黍"是一种黄色的米。"角黍"并不是用来吃的,而是送给神的礼物。到了东汉,人们常常在做粽子的时候加一点中药,所以那时候的粽子吃起来是有点儿苦的。到了晋朝,人们用黏黏的、有甜味的米代替了黍,粽子的味道得到了显著的改善。到了南北朝的时候,粽子里面又加入红豆、红枣等,种类越来越丰富。明朝时,人们开始往粽子里加入猪肉、牛肉等,带着咸味的粽子出现了。

端午节的龙舟比赛,实际上是为了纪念春秋时期吴国的伍子胥(Wǔ Zǐxū)。传说伍子胥也是在五月五日被投进江里,后来变成了江中的神,老百姓在这一天进行龙舟比赛,纪念伍子胥,同时希望生活平安幸福。

现在,你是不是更了解端午节了?

本级词

激烈 jīliè | intense

诗人 shīrén | poet

促使 cùshǐ | to urge, to impel

逐步 zhúbù | gradually

怀疑 huáiyí | to doubt

着急 zháojí | anxious

急忙 jímáng | in haste

投 tóu | to throw

些 xiē | (used before a noun to indicate an indefinite amount) some

阻止 zǔzhǐ | to prevent

潮湿 cháoshī | damp

虫子 chóngzi | worm, bug

避免 bìmiǎn | to avoid

伤害 shānghài | to hurt

戴 dài | to wear

而是 érshì | but

咸 xián | salty

超纲词

端午节 Duānwǔ Jié | Dragon Boat Festival (the 5th day of the 5th month in the Chinese lunar calendar)

口味 kǒuwèi | taste of food

龙舟 lóngzhōu | dragon boat

起源 qǐyuán | origin

虾 xiā | shrimp

熟悉 shúxi | to be familiar with

农历 nónglì | Chinese lunar calendar

糟糕 zāogāo | terrible

泡 pào | to soak

香味 xiāngwèi | fragrance

黍 shǔ | a kind of millet

黏 nián | sticky

红豆 hóngdòu | red bean

红枣 hóngzǎo | jujube

注释

屈原
Qū Yuán

Qu Yuan (circa 340–278 BCE), a great poet and a patriot of the State of Chu in the Warring States period, is recognized as the founder of Chinese romantic literature.

粽子
Zòngzi

Zongzi, a steamed pyramid made of glutinous rice wrapped in reed leaves, is one of the traditional Chinese foods. The custom of eating Zongzi for the Dragon Boat Festival has even spread to Korea, Japan and Southeast Asia.

练习

一、选词填空。

Fill in the blanks with the words given below.

A. 潮湿　　　B. 运气　　　C. 极了　　　D. 严重

端午节是在农历的五月五日，这个时候的天气热_____，空气还很_____，给各种虫子提供了生存的环境。这些虫子大部分是有毒的，它们_____危害了人们的健康和生命。因此，古代人又称五月为"毒月"，大家都认为五月会给人带来坏_____。

二、根据文章选择正确答案。

Choose the correct answer according to the article.

1. 在人们所知道的故事里，端午节是为了纪念谁？（　　　）

    A. 大禹　　　　　　　　　　B. 屈原

    C. 秦始皇　　　　　　　　　D. 伍子胥

2. 关于粽子，下面哪句话是不对的？（　　　）

    A. 比端午节出现得更早

    B. 味道有甜的，还有咸的

    C. 加了中药以后会有点儿苦

    D. 后来改名为"角黍"

三、根据文章判断正误。

Tell right or wrong according to the article.

（　　）1. 屈原是秦国人。

（　　）2. 在古代，五月被称为"毒月"。

（　　）3. 粽子最开始的时候不是用来吃的，而是用来装饰的。

（　　）4. 为了避免毒虫的伤害，人们会随身戴一些有香味的植物。

（　　）5. 龙舟比赛是为了纪念屈原。

12　可爱的大熊猫

中国最有名的动物是什么？你猜得没错，那就是中国的"国宝"——大熊猫。

800万年前，大熊猫就已经生活在中国这片土地上了，它们的活动范围很广，在东部和南部地区都有分布。

大熊猫的样子比较独特，脑袋上大部分是白色的，长着两只黑色的耳朵，一个圆圆的、黑黑的鼻子，最引人注目的是两个黑眼圈，就像戴了一副黑色的眼镜。大熊猫的身体是雪白的，而四条腿是黑色的，全身像个球似的，非常可爱。虽然人们称它为"大熊猫"，但它不是猫，而是熊，应该叫作"大猫熊"。大熊猫的力气非常大，在所有的熊中，力量可以排名第二。大熊猫最初是吃肉的，后来自然环境逐渐改变，和大熊猫在同一时期生活的动物（包括可以作为大熊猫食物的一些小动物）大部分都因为不能适应新的环境而陆续消失了，所以大熊猫的食物越来越少，为了活下来，它不得不改变自己的食物结构，渐渐用植物替代了肉。

传说中，5000多年前曾经发生过一场大规模的战争，被称为"涿鹿（Zhuōlù）之战"，那是黄帝（Huángdì）、炎帝（Yándì）和蚩尤（Chīyóu）之间的战争，而大熊猫正是战神蚩尤的坐骑，名为"食铁兽"，英勇的蚩尤骑着大熊猫，打败了无数敌人。最后，黄帝想出了一个好办法，他利用了大熊猫爱吃竹子的特点，吸引并分散了大熊猫的注意力，才打败了蚩尤。从这个故事可见大熊猫和中国历史文化的紧密联系。

大熊猫一直深受中国人的喜爱，不过古代的人们更喜欢大熊猫的肉和皮毛。在缺少粮食的时候，大熊猫的肉是很宝贵的食物，而大熊猫的皮毛可以做成衣服，用来保暖，帮助人们度过寒冷的冬季。正是由于这些原因，人们大量捕杀大熊猫，造成大熊猫的数量大大减少，差点儿就从地球上消失了。

幸运的是，到了现代社会，人们开始积极保护自然环境、保护大熊猫。今天，中国也向其他国家租借大熊猫，大熊猫已经成了国际"明星"，受到了各国人民的欢迎和喜爱。

让我们共同努力，继续保护这种古老而又可爱的动物吧！

本级词

分布 fēnbù | to be dispersed
眼镜 yǎnjìng | glasses
似的 shìde | just like
力气 lìqi | physical strength
替代 tìdài | to replace
大规模 dà guīmó | large-scale
英勇 yīngyǒng | heroic

吸引 xīyǐn | to attract
可见 kějiàn | it is thus clear that
紧密 jǐnmì | inseparable
粮食 liángshi | grain
度过 dùguò | to pass
减少 jiǎnshǎo | to reduce

超纲词

国宝 guóbǎo | national treasure
引人注目 yǐnrén-zhùmù | to catch sb's attention
眼圈 yǎnquān | rings around the eyes
同一 tóngyī | same

坐骑 zuòqí | mount
注意力 zhùyìlì | attention
保暖 bǎo nuǎn | to keep warm
捕杀 bǔshā | to hunt and kill
差点儿 chàdiǎnr | barely

注释

黄帝、炎帝和蚩尤
Huángdì, Yándì hé Chīyóu

Huangdi, Yandi and Chiyou are legendary leaders of prehistoric tribes in China. Huangdi and Yandi are considered the ancestors of the Chinese nation.

练 习

一、选词填空。

Fill in the blanks with the words given below.

  A. 联系 B. 大规模 C. 传说 D. 作为

_____ 中国的"国宝",大熊猫和中国历史文化的 _____ 格外紧密。_____ 中,5000多年前曾经发生过一场 _____ 的战争,被称为"涿鹿之战",那是<u>黄帝</u>、<u>炎帝</u>和<u>蚩尤</u>的战争,而大熊猫正是战神<u>蚩尤</u>的坐骑,名为"食铁兽"。

二、根据文章选择正确答案。

Choose the correct answer according to the article.

1. 大熊猫的哪个部位是白色的?( )

  A. 腿   B. 身体

  C. 鼻子   D. 耳朵

2. 大熊猫最初是以什么为主要食物的？（   ）

　　A. 肉　　　　　　　　　　B. 果实

　　C. 竹子　　　　　　　　　D. 树叶

三、根据文章判断正误。

Tell right or wrong according to the article.

（   ）1. 大熊猫是一种猫，而不是熊。

（   ）2. 今天的大熊猫不吃肉，是因为它们很难抓到别的动物。

（   ）3. 传说中，大熊猫曾经是黄帝的坐骑。

（   ）4. 古代的人们喜欢大熊猫是因为它十分可爱。

（   ）5. 中国会把大熊猫租借给其他国家。

13 中国的古诗

在中国古代的各种文学形式中,古诗有不可动摇的重要地位,至今仍在影响着我们。

古诗就是古代的诗歌,它们记录了不同时代的生活,是历史的声音。中国古诗是最善于表达感情的,本来要用大量文字才能表达出的内容,有时仅仅用一首诗就足够了。当看到一个美女时,西汉的李延年(Lǐ Yánnián)会称赞:"一顾倾人城,再顾倾人国。"当感到前途光明美好时,唐朝的孟郊(Mèng Jiāo)会这样描述自己的心情:"春风得意马蹄疾,一日看尽长安花。"当怀念去世的妻子时,北宋的苏轼(Sū Shì)会这样形容自己的感受:"十年生死两茫茫,不思量,自难忘。"当对现实世界失望时,元朝的高明会这样概括自己的想法:"我本将心向明月,奈何明月照沟渠。"通过阅读诗歌,不仅能了解诗人当时的心情,跟远隔了千百年的人交流,还能提高自己的语言表达能力。

最早的诗歌是人们在干活儿的过程中,为了保持动作一致、缓解压力、干得更有劲儿而大声喊出来的词和句子。周朝时,为了丰富人们的业余生活,官方制定了唱歌和跳舞的规则,并创作了一些给人们唱的歌,后来这些歌在民间流传下

来。据说，孔子花了大量精力把它们收集起来，整理后编成了《诗经》，这是中国第一部诗歌的集合。《诗经》可以分为《风》《雅》《颂》三个部分。"风"又叫"国风"，指的是周朝各个国家民间流传的歌。"雅"是贵族的歌，因此也被称为"官调"。"颂"指的是祭祀时使用的音乐。《诗经》里的诗歌，几乎每一句都是四个字构成，这就是"四言诗"。

到了汉朝，政府设置了一个叫"乐府"的机构，专门收集各个地方的诗歌，挑出好的，配上音乐，在官方举行宴会或祭祀时表演。由"乐府"收集并配上音乐的诗歌，也叫"乐府诗"，一句大多有五个字，就是"五言诗"。在"乐府诗"中，最著名的就是《孔雀东南飞》，它描写了一个悲伤的爱情故事。

到了魏晋时代，诗歌的内容和风格更加多样。比如山水诗，主要描写美丽的山水景色；还有田园诗，描述远离热闹的城市，在宁静的山林中生活的情景。原来的"五言诗"字数有限，已经无法充分表达全部情感，所以越来越多的人开始写"七言诗"。

诗歌发展到成熟阶段后，产生了唐诗、宋词、元曲等多种形式。中国古代诗歌发展史上最繁荣的时代是唐朝，这个时期出现了许多著名的诗人，比如"诗仙"李白和"诗圣"杜甫，为我们留下了无数经典作品。

本级词

动摇 dòngyáo | to shake
善于 shànyú | to be good at
首 shǒu | (a measure word for poems or songs)
美女 měinǚ | beautiful woman
称赞 chēngzàn | to praise
前途 qiántú | future
描述 miáoshù | to describe
怀念 huáiniàn | to think of
妻子 qīzi | wife
形容 xíngróng | to describe
概括 gàikuò | to summarize
隔 gé | to be at a distance from (in space or time)
缓解 huǎnjiě | to alleviate, to lessen
有劲儿 yǒujìnr | to have strength

业余 yèyú | after-hours; (spare) time
官方 guānfāng | government, authorities
编 biān | to compile
集合 jíhé | collection
几乎 jīhū | almost
政府 zhèngfǔ | government
设置 shèzhì | to set up, to establish
机构 jīgòu | institution, organization
挑 tiāo | to select
描写 miáoxiě | to depict
热闹 rènao | lively
有限 yǒuxiàn | limited
多种 duōzhǒng | various

超纲词

诗歌 shīgē | poetry

收集 shōují | to collect

贵族 guìzú | nobility

祭祀 jìsì | to offer sacrifices to gods/ancestors

宴会 yànhuì | banquet

悲伤 bēishāng | sad; sadness

远离 yuǎnlí | to stay away from

繁荣 fánróng | prosperous

注释

一顾倾人城，再顾倾人国。
Yí gù qīng rén chéng, zài gù qīng rén guó.

> At her first glance, a city falls captive.
> At her second glance, a nation falls captive.

春风得意马蹄疾，一日看尽长安花。
Chūnfēng-déyì mǎtí jí, yírì kàn jìn Cháng'ān huā.

> Riding a horse in triumphant display,
> I see all the flowers of Chang'an in one day.

十年生死两茫茫，不思量，自难忘。
Shí nián shēngsǐ liǎng mángmáng, bù sīliáng, zì nánwàng.

> For ten long years the living of the dead knows nought.
> Should the dead be forgot
> And to mind never brought?

我本将心向明月，奈何明月照沟渠。
Wǒ běn jiāng xīn xiàng míngyuè, nàihé míngyuè zhào gōuqú.

> My heart is open for the bright moon's glitters,
> But it shines on the gutters.

练习

一、选词填空。

Fill in the blanks with the words given below.

       A. 热闹   B. 宁静   C. 描写   D. 风格

到了魏晋时代，诗歌的内容和 _____ 更加多样。比如山水诗，诗中 _____ 美丽的山水景色；还有田园诗，描述远离 _____ 的城市，在 _____ 的山林中生活的情景。

二、根据文章选择正确答案。

Choose the correct answer according to the article.

1.《诗经》中哪个部分收集的是民间流传的歌？（　　　）

   A.《风》   B.《雅》

   C.《颂》   D.《曲》

2.《孔雀东南飞》的主要内容是什么？（　　　）

   A. 山水景色   B. 山林生活

   C. 祭祀活动   D. 爱情故事

三、根据文章判断正误。

Tell right or wrong according to the article.

（　　）1. 最早的诗歌是在人们劳动的过程中产生的。

（　　）2. 《诗经》里的诗歌基本上都是五个字一句。

（　　）3. 汉朝时专门收集各个地方诗歌的机构叫"乐府"。

（　　）4. 魏晋诗歌的内容和风格多样。

（　　）5. 汉朝是中国古代诗歌发展史上最繁荣的时期。

14 京剧脸谱

　　一个不大的舞台，一段京胡的音乐；几张独特的脸谱中，包含了多少人物的欢乐和悲伤，引出了多少动人的故事。这就是"京剧"。

　　京剧是中国的"国剧"，它和中医、中国画合称为中国的三大"国粹"。京剧自产生到今天，不过两百多年的历史，但它吸收并延续了中国传统戏曲的优点和不同地方文化的特色。每一场表演、每一张脸谱的背后都是中国几千年历史文化的积累。

　　京剧表演主要依靠"唱、念、做、打"这四种基本功夫。"唱"指的是演员歌唱，"念"是演员大声地读出一些有音乐感的句子，"做"是演员做出像舞蹈一样优美的动作，"打"指的是武术动作。一个京剧演员只有掌握了这四种本领，才能把京剧演好。

在表演开始以前，演员们会根据自己所演的角色，在脸上画上各种色彩，来表现这个角色的性格特征，这些用不同色彩画成的脸部图案就是脸谱。京剧表演有严格的角色分配，通常可以分为四种：生、旦、净、丑。"生"是男性角色，包括"老生"和"小生"，"老生"是中老年男子，嘴巴上挂着一把长长的胡子，"小生"就是一个年轻帅哥的形象，没有胡子。"旦"是女性角色的统一名称，还可以细分为"正旦""花旦""老旦"等。"老旦"是中老年女性，"正旦"和"花旦"一般是不同性格的中青年女性。"净"也叫"花脸"，特征是脸部的色彩多样，一般是性格冷静、勇敢的男性角色。"丑"是可以通过语言、动作、表情让观众哈哈大笑的角色，他们的脸谱看起来十分有趣。

京剧的脸谱有丰富的含义：比如包拯(Bāo Zhěng)额头上通常有一个弯弯的白色月亮，表示他的品质高尚；杨七郎的额头上有个"虎"字，表示他的英勇。脸谱的色彩也能表达不同的意义。一般来说，红色代表忠诚，比如红脸的关公；白色代表狡猾、不太信任别人，比如白脸的曹操；黑色代表冷静、不爱笑，比如黑脸的包拯、张飞；黄色表示英勇，并且善于战斗，比如黄脸的典韦(Diǎn Wéi)、杨七郎；蓝色表示勇敢，比如蓝脸的夏侯惇(Xiàhóu Dūn)；绿色表示脾气急，比如绿脸的程咬金(Chéng Yǎojīn)。总之，观众可以根据脸谱来判断剧中人的性格特征。

本级词

引 yǐn | to lead

自 zì | from

吸收 xīshōu | to absorb

角色 juésè | role

严格 yángé | strict

帅哥 shuàigē | handsome guy

冷静 lěngjìng | sober

表情 biǎoqíng | expression

品质 pǐnzhì | personality

高尚 gāoshàng | noble

信任 xìnrèn | to trust

总之 zǒngzhī | in a word

超纲词

戏曲 xìqǔ | traditional opera (including Kunqu, Beijing opera and other local operas)

旦 dàn | female role

丑 chǒu | ugly; clown

男性 nánxìng | male

胡子 húzi | beard

女性 nǚxìng | female

额头 étóu | forehead

忠诚 zhōngchéng | loyal

狡猾 jiǎohuá | cunning

脾气 píqi | temper

注释

京剧
Jīngjù

The Peking Opera is one of the most influential traditional opera genres in China. It was created in the 18th century by merging the elements of the northern and southern opera genres such as Kunqu and Qinqiang.

脸谱
Liǎnpǔ

A unique theatrical make-up is used in traditional Chinese opera, in which the colors and patterns of a painted face denote the character of the role.

练 习

一、选词填空。

Fill in the blanks with the words given below.

A. 通过　　B. 表情　　C. 冷静　　D. 特征

"净"也叫"花脸",_____ 是脸部的色彩多样,一般是性格 _____、勇敢的男性角色。"丑"是可以 _____ 语言、动作、_____ 等让观众哈哈大笑的角色,他们的脸谱看起来十分有趣。

二、根据文章选择正确答案。

Choose the correct answer according to the article.

1. "老旦"一般是指什么角色？（　　　）

　　A. 儿童　　　B. 年轻男性　　　C. 中老年女性　　　D. 让观众开心的人

2. 红色脸谱的代表人物是谁？（　　　）

　　A. <u>包拯</u>　　　B. <u>关公</u>　　　C. <u>程咬金</u>　　　D. <u>杨七郎</u>

三、根据文章判断正误。

Tell right or wrong according to the article.

（　　）1. "旦"是男性角色的统一名称。

（　　）2. 脸谱的颜色多种多样。

（　　）3. 一般来说，红色的脸谱代表人物性格冷静。

（　　）4. 白色脸谱的人物通常对人比较友好。

（　　）5. 黑色脸谱的人物有英勇善战的性格特点。

15 中国红

  数千年来，红色一直是中国人最喜爱的颜色，它代表着平安、幸福、成功、勇敢、热闹和喜庆。

  在中国历史上，黑、白、红等颜色都曾经成为潮流。夏朝流行黑色，商朝流行白色，而从周朝起，红色开始受到人们欢迎。红色象征太阳，阳光是农业社会发展的必要条件，因此，红色是当时地位最高的颜色，周王会选择红色的战马，祭祀时使用红色的牛。

  在古代，人们认为青、红、白、黑、黄代表着东、南、西、北、中这五个方向，也代表着木、火、金、水、土这五种大自然中的事物。红色代表着南方和火，表达了祝福、光明和希望，它像火一样，给人带来温暖与安全感，所以在古时候，红色也有赶走周围鬼怪、保护家人平安的作用。中国人在婚礼或喜庆的节日会穿上红色的衣服。热烈的红色，代表了人们的美好祝福和对未来幸福生活的期待。

  从红墙到红木家具，从中国婚礼的大红"喜"字到新娘身上的大红礼服，从过年时给孩子们的红包到门上贴着的红对联，都体现了中国人对红色的喜爱。

  到了现代，中国红是国旗的颜色。红色的国旗好像渐渐升起的太阳，照亮了整片中国大地。中国红不仅代表了祝福，更表达了每一位中国人对自己国家强烈的爱，是每一位中国人的信念与精神依靠，体现了每一位中国人深厚的爱国情感。

  无处不在的中国红，是中国大地上最让人感到温暖的颜色。

本级词

潮流 cháoliú | trend, fashion

流行 liúxíng | popular

穿上 chuānshàng | to put on

未来 wèilái | future

新娘 xīnniáng | bride

红包 hóngbāo | red packet/envelope
  (containing money, given to children as
  a Chinese New Year gift)

贴 tiē | to paste

深厚 shēnhòu | deep

爱国 àiguó | to be patriotic

处 chù | place

超纲词

喜庆 xǐqìng | happy/joyous event

象征 xiàngzhēng | to symbolize

青 qīng | blue or green

鬼怪 guǐguài | ghosts and monsters

礼服 lǐfú | ceremonial dress

对联 duìlián | antithetical couplets (written
  on scrolls, etc. for the Chinese New
  Year)

国旗 guóqí | national flag

信念 xìnniàn | belief

练 习

一、选词填空。

Fill in the blanks with the words given below.

    A. 祝福   B. 期待   C. 婚礼   D. 热烈

  中国人在 _____ 或喜庆的节日会穿上红色的衣服。_____ 的红色，代表了人们的美好 _____ 和对未来幸福生活的 _____。

二、根据文章选择正确答案。

Choose the correct answer according to the article.

1. 红色代表了大自然中的什么？（ ）

  A. 金   B. 木   C. 水   D. 火

2. 下面哪一个不是红色的象征意义？（ ）

  A. 祝福   B. 历史   C. 光明   D. 喜庆

三、根据文章判断正误。

Tell right or wrong according to the article.

（ ）1. 在中国历史上，人们最早使用的颜色只有黑和白。

（ ）2. 在古代，青色既可以代表东方，又可以表示大自然中的金。

（ ）3. 红色象征月亮，所以在周朝受到人们欢迎。

（ ）4. 对联一般都是红色的。

（ ）5. 到了现代，中国红也能代表爱国的情感。

16 "仁"和"礼",治天下

  孔子是中国著名的教育家和思想家,他创立的儒家思想对中国产生了巨大的影响。

  公元前551年,孔子出生的时候,他的父亲已经60多岁了;孔子3岁的时候,父亲就去世了,从此以后,他和母亲的生活就变得困难起来。但正是这段穷苦的日子,让孔子体验到了普通老百姓的生活,于是他在少年时代就决心要好好做学问,寻找管理国家的好方法,让人们获得幸福。

  长大成人之后,孔子去了很多国家,通过途中的观察和思考,他认为人们的痛苦是不断发生的战争所导致的。如果每个国家都能像早期的周朝一样,没有战争,社会稳定,老百姓能正常从事生产,国家就能强大起来,人们就能幸福。因此，孔子提出了"仁"和"礼"，这是孔子思想中最重要的内容。"仁"的意思是，人人应做到心中有爱，不能伤害别人，人和人之间要互相帮助、互相爱护，要爱自己、爱家人，也要爱别人。"礼"的意思是，国家要用法律规范人们的行为，人们处理任何事情都得参考国家制定的规则。

孔子希望人们不仅要培养好自己的子女、照顾好自己的父母，还要用这种责任心来培养别人的孩子、照顾别人的父母。他期待有一天，所有的老年人都有人照顾，所有的年轻人都愿意为国家服务，所有的人都能有温暖的家庭。建立这样的国家是他一生的梦想。

孔子还提出，要通过"礼治"和"德治"来管理国家。"礼治"就是大家应该做符合自己身份和地位的事情。因此，在社会中，当官的要尽力做好他们应该做的事，普通人要按照普通人的方式生活；在家庭中，父亲要有父亲的样子，儿子要有儿子的样子。"德治"是当官的要保护百姓、爱护百姓，在百姓有困难的时候，要尽量去帮助他们。

孔子为了让更多的人了解他的思想，就办起了学校，当起了老师，收了很多学生。孔子的知识非常丰富，教育方式也非常特别，所以来听课的学生非常多。就这样，孔子的思想渐渐传播开来，并且影响了中国几千年。

本级词

治 zhì | to rule
从此 cóngcǐ | from then on
穷 qióng | poor
苦 kǔ | suffering from hardship
学问 xuéwen | knowledge
成人 chéngrén | (to become an) adult
思考 sīkǎo | to consider
导致 dǎozhì | to cause

应 yīng | should
爱护 àihù | to care for
法律 fǎlǜ | law
得 děi | to have to
培养 péiyǎng | to cultivate
梦想 mèngxiǎng | dream
身份 shēnfèn | status
尽力 jìnlì | to try one's best

超纲词

仁 rén | benevolence
礼 lǐ | ritual; propriety
创立 chuànglì | to found

儒家 Rújiā | Confucian school
德 dé | virtue; morals

注释

孔子
Kǒngzǐ

Kongzi (551–479 BCE), or Confucius, is a great philosopher, educator and the founder of Confucianism.

练习

一、选词填空。

Fill in the blanks with the words given below.

A. 学问　　　B. 段　　　C. 获得　　　D. 体验

正是小时候度过的这 _____ 穷苦的日子，让孔子 _____ 到了普通老百姓的生活，于是他在少年时代就决心要好好做 _____，寻找管理国家的好方法，让人们 _____ 幸福。

二、根据文章选择正确答案。

Choose the correct answer according to the article.

1. 孔子提出的"仁"的意思是什么？（　　　）

　A. 要参考国家制定的规则来处理事情

　B. 要心中有爱，不能伤害别人

　C. 做事要符合自己的身份和地位

　D. 当官的要保护、爱护、帮助老百姓

2. 关于孔子，下面哪一项是不对的？（   ）

   A. 小时候过着穷苦的日子

   B. 妈妈去世得早

   C. 去过很多国家

   D. 开过学校，当过老师

三、根据文章判断正误。

Tell right or wrong according to the article.

（   ）1. 孔子创立了儒家思想。

（   ）2. 孔子认为国家强大、人民幸福就需要发展教育。

（   ）3. "仁"和"礼"是孔子思想的重要内容。

（   ）4. 孔子提出管理国家要依靠"礼治"和"德治"。

（   ）5. 孔子建立学校是为了帮助穷苦的孩子。

17 酒中的故事

　　酒在中国的历史非常悠久，在四千多年前的夏朝，人们就开始喝酒了。

　　中国历史上喜欢喝酒的名人特别多。比如著名的书法家王羲之就特别爱喝酒，据说他最有名的一部书法作品就是在喝了酒以后完成的。唐朝的大诗人李白有个特别的爱好：边喝酒边写诗，酒喝完的同时，作品也完成了。

　　中国酒的种类非常丰富，常见的有屠苏酒、果酒、黄酒和白酒。不同种类的酒，制作材料和方法都是不同的。

　　古时候，喝屠苏酒是春节期间的一种风俗。关于屠苏酒有这样一个传说：唐朝有一个著名的医生叫孙思邈（Sūn Sīmiǎo），他每年冬天会把一包包中药分给老百姓，让他们把这些中药泡在酒中，这种含有药物的酒就叫"屠苏酒"，可以帮助消化，在寒冷的冬天喝下去，还能预防感冒。

　　元宵节又叫"灯节"。那一天，人们通常会聚在一起，喝果酒，吃元宵，晚上一边欣赏花灯，一边喝酒。大家享受的不仅是美酒，更是一道道风景。

清明节，人们因为想念已经去世的亲人，心里十分难受，这时就会用喝酒的方式来缓解。"一醉解千愁"，或许只有喝醉了，才能把所有的烦恼忘得干干净净。

中秋节是一个亲人团聚的传统节日。在这一天，聚会离不开喝酒赏月。中秋节的月亮是一年中最大、最圆、最亮的，人们一边看月亮，一边喝酒，想念远在他乡的亲人。

在中国传统文化中，人们无论是开心、庆祝、祝福的时候，还是难受、分别、想念的时候，都会喝酒。中国人喝酒，可以一个人喝，可以两个人喝，也可以很多人一起喝。在中国人的心中，酒已经不仅是一种饮料，更是一种表达内心感情的工具。很多装在心底的话不用说出来，因为它们都包含在酒里了。

本级词

期间 qījiān | period

含有 hányǒu | to contain

消化 xiāohuà | digestion

聚 jù | to gather

想念 xiǎngniàn | to miss

离不开 lí bu kāi | can't do without

赏 shǎng | to appreciate

超纲词

悠久 yōujiǔ | long in time

白酒 báijiǔ | liquor

元宵节 Yuánxiāo Jié | Lantern Festival (the 15th day of the 1st month in the Chinese lunar calendar)

享受 xiǎngshòu | to enjoy

更是 gèng shì | even more

清明节 Qīngmíng Jié | Tomb Sweeping Day (April 4–6)

醉 zuì | drunk

解 jiě | to dispel

愁 chóu | sorrow

烦恼 fánnǎo | annoyances

中秋节 Zhōngqiū Jié | Mid-Autumn Festival (the 15th day of the 8th month in the Chinese lunar calendar)

团聚 tuánjù | to reunite

乡 xiāng | country

饮料 yǐnliào | drink

练习

一、选词填空。

Fill in the blanks with the words given below.

      A. 难受   B. 忘   C. 想念   D. 方式

清明节，人们因为 _____ 已经去世的亲人，心里十分 _____，这时就会用喝酒的 _____ 来缓解。"一醉解千愁"，可能只有喝醉了，才能把所有的烦恼 _____ 得干干净净。

二、根据文章选择正确答案。

Choose the correct answer according to the article.

1. 喜欢喝酒的唐朝大诗人是哪一位？（   ）

    A. 李白   B. 屠苏   C. 杜甫   D. 王羲之

2. 中国人边喝酒边赏月的传统节日是哪一个？（   ）

    A. 春节   B. 端午节   C. 中秋节   D. 清明节

三、根据文章判断正误。

Tell right or wrong according to the article.

（   ）1. 四千多年以前，中国就已经有了酒这种饮料了。

（   ）2. 黄酒、白酒都是常见的中国酒。

（   ）3. 屠苏酒是用水果做成的。

（   ）4. 元宵节的时候人们通常会喝白酒。

（   ）5. 中国人只在聚会时喝酒。

18 中国人的"饮料"

炎热的夏季，那些在田地或街头劳动的人，晒着热辣辣的阳光，不一会儿就出了一身汗，这时候，如果喝上一口冰饮料，那该有多痛快啊！

早在三千多年前的商朝，中国人就能喝上冰饮料了。在那个没有冰箱的时代，人们是怎么喝上冰饮料的呢？当寒冷的冬季到来时，河上结了冰，人们就想办法从河里取出大冰块，再把大冰块切成小块，放进地下的大洞里保存好。这样，冰块放到夏天也不会融化。夏季一到，人们就打开地洞，取出冰块使用。人们把平时采集来的果实切碎，加工成果汁，然后加入冰块，一份又冰又甜的饮料就做好了。

夏季能喝冰饮料，那么在寒冷的冬季喝什么呢？这时候，人们最需要一杯温暖的热饮料来赶走全身冰冷的感觉。说到中国人常喝的热饮料，我们最先想到的大概就是茶了。

茶叶带有一些苦味，一开始是作为药来使用的。不过人们发现，即使没有生病，喝了茶之后，也会感到精神更好，于是，茶作为一种饮料，走进了千家万户。古代人喝茶的方式和现代有点儿不一样，一般是先把茶叶放在火上烧，烧好之后，弄碎成粉末，放入碗中，先加入开水，然后再加入盐、花椒等，所以那时茶的味道是咸的。

到了唐朝，人们开始研究可以让身体更健康，同时也更好喝的饮料。有一种制作方法是：先把药放到开水里，然后再把植物的果实加进去，这样做出来的饮料既有果子的甜味，也发挥了药的作用。此外，还有其他饮料，比如把牛、马、羊的奶加热，然后把各种果实切碎放进热奶里，这样制作出的饮料味道很像现在的酸奶。后来，人们又试着在这种饮料中加入茶叶、盐、花椒等，这就是唐朝的"咸奶茶"。

随着国际交流的发展，奶茶渐渐流传到了海外，人们在中国传统奶茶的制作基础上，对它进行了改善，不用多样的材料，也不用复杂的过程，只需要把茶叶、奶还有糖组合在一起，就能制作出一杯香甜的奶茶。

本级词

夏季 xiàjì | summer

冰 bīng | ice

痛快 tòngkuài | happy

冰箱 bīngxiāng | refrigerator

茶叶 cháyè | tea leaves

开水 kāishuǐ | boiled water

盐 yán | salt

发挥 fāhuī | to bring into play

此外 cǐwài | moreover

酸奶 suānnǎi | yogurt

超纲词

炎热 yánrè | (of weather) scorching

热辣辣 rèlàlà | burning hot

出汗 chūhàn | to sweat

结冰 jiébīng | to freeze

洞 dòng | hole

融化 rónghuà | to melt

采集 cǎijí | to gather, to collect

碎 suì | fragmentary

冰冷 bīnglěng | ice-cold

即使 jíshǐ | even

千家万户 qiānjiā-wànhù | every household

粉末 fěnmò | powder

花椒 huājiāo | Chinese prickly ash

海外 hǎiwài | abroad

练 习

一、选词填空。

Fill in the blanks with the words given below.

A. 流传　　　B. 改善　　　C. 材料　　　D. 传统

随着国际交流的发展，奶茶渐渐 _____ 到了海外，人们在中国 _____ 奶茶的制作基础上，对它进行了 _____，不用多样的 _____，也不用复杂的过程，只需要把茶叶、奶还有糖组合在一起，就能制作出一杯香甜的奶茶。

二、根据文章选择正确答案。

Choose the correct answer according to the article.

1. 关于中国古代的冰饮料，下面哪句话是不对的？（　　　）

   A. 在商朝就已经出现了

   B. 是果汁里加入了冰块

   C. 会放一些药进去

   D. 冰是存放在地洞里的

2. 唐朝的"咸奶茶"是用哪些材料做成的？（　　　）

   A. 茶叶和牛奶

   B. 茶叶和冰块

   C. 药物和果实

   D. 奶、茶、盐和花椒等

三、根据文章判断正误。

Tell right or wrong according to the article.

（　　）1. 古代人既会制作冰饮料，也会制作热饮料。

（　　）2. 冰饮料中所用的冰是从高山上取来的。

（　　）3. 茶叶最早是作为药来使用的。

（　　）4. 古代人喝茶的方法和现代人一样。

（　　）5. 像酸奶一样的饮料在唐朝时就已经出现了。

19 空中飞舞的纸"鸟"

当你看到鸟儿在天空中自由飞行时，可能会想："要是我也能跟它们一样就好了。"人们对飞行的梦想从来没有停止过，对天空的探索也从来没有停止过。

今天我们就来介绍一种能在空中飞舞的纸"鸟"——风筝。这是历史上第一种飞向天空的人造工具。

中国是世界上最早发明风筝的国家。在2400多年前的春秋战国时期，有一位发明家叫墨子，他花三年时间用木头做出了一只能飞的"鸟"，这就是中国历史上最早的风筝。不过，用木头做的风筝太沉重了，只飞了一天就坏了。

墨子把做风筝的方法教给了他的学生鲁班。鲁班研究了老师做的木头风筝，想用更轻便的材料来代替木头。经过不断测试，他最后选择了竹子。鲁班先把竹子用刀切开，然后用火加热，使竹子变弯，再做成鸟的形状，人们称它为"木鹊"。因为"木鹊"主要是由竹子构成的，所以比原来的木头风筝轻了许多，它在空中飞行的时间能够延长到三天。

到了东汉，蔡伦改进了造纸术，这促进了风筝制作技术的发展。人们仍然使用竹子作为风筝的主要结构，其余部分用改进过的纸来代替，这样做出来的风筝更加轻便，飞行时间也大大增加了。因为这时候的风筝是用纸做成的，所以它又被称为"纸鸢"。

风筝曾在战争中被用来传递各种消息。士兵们在风筝上安装了笛子，这样一来，当风筝在空中飞行的时候，遇到风就会发出像筝一样的声音，这就是"风筝"这个名字的来源。

到了唐朝，风筝的使用从战争转移到了日常生活，它逐渐变成了人们的一种玩具。宋朝的时候，人们开始把放风筝作为一项健身运动，无论是普通老百姓，还是当官的人，都会在清明节这一天放风筝。

风筝代表着天真与自由，在放风筝的时候，人们可以像孩子一样在草地上快乐地跑来跑去。人们把风筝制作成鸟、龙、凤凰、鱼等多种造型，希望风筝借着风的力量飞得越高越好。有时候，人们还会把风筝线剪断，让风筝越飞越远，把坏运气和烦恼全部带走。

本级词

测试 cèshì | to test

延长 yáncháng | to extend

其余 qíyú | the rest

士兵 shìbīng | soldier

转移 zhuǎnyí | to transfer

健身 jiànshēn | to keep fit

天真 tiānzhēn | innocence

超纲词

空中 kōngzhōng | in the air

探索 tànsuǒ | to explore

风筝 fēngzheng | kite

人造 rénzào | man-made

鹊 què | magpie

鸢 yuān | eagle, kite

传递 chuándì | to transmit, to deliver

笛子 dízi | (bamboo) flute

筝 zhēng | an ancient Chinese plucked instrument

凤凰 fènghuáng | phoenix (a legendary bird in Chinese mythology)

剪 jiǎn | to cut

注释

鲁班
Lǔ Bān

Lu Ban, a great carpenter and inventor, lived from the late Spring and Autumn Period to the early Warring States Period. It is said that he invented carpenter's tools, such as drills, planes, shovels, curved rulers, and ink buckets for scribing.

练习

一、选词填空。

Fill in the blanks with the words given below.

   A. 测试 B. 代替 C. 发明 D. 沉重

  中国是世界上最早 _____ 风筝的国家。最早的风筝是用木头做的，然而用木头做的风筝太 _____ 了，只飞了一天就坏了。后来鲁班经过不断 _____，用更轻便的竹子 _____ 了木头。

二、根据文章选择正确答案。

Choose the correct answer according to the article.

1. 中国历史上的第一个风筝是谁发明的？（ ）

  A. 墨子   B. 鲁班   C. 蔡伦   D. 沈括

2. "木鹊"主要是由什么材料构成的？（ ）

  A. 纸   B. 竹子   C. 木头   D. 丝绸

三、根据文章判断正误。

Tell right or wrong according to the article.

（ ）1. 鲁班做出的风筝可以在空中飞行三天。

（ ）2. 造纸术的改进促进了风筝制作技术的发展。

（ ）3. 风筝只是孩子们的玩具。

（ ）4. 遇到风会发出和筝相似的声音，这就是"风筝"这个名字的来源。

（ ）5. 放风筝时把风筝线剪断，人们认为这样可以让风筝带走坏运气和烦恼。

20 坐在门前的狮子

你可能已经发现,中国的很多传统建筑门口都摆着两只石狮子。为什么要用石狮子来守门,而不用老虎或者其他动物呢?今天,我们就来了解一下中国的石狮文化。

狮子这种动物,中国本来是没有的,但有趣的是,在狮子来到中国之前,史书上就有了关于狮子的记载,把狮子称为"狻猊(Suānní)",传说它是龙的九个儿子之一,是神话中的动物。

"丝绸之路"开辟以后,狮子被当时的伊朗(Yīlǎng)国王作为礼物送给汉朝皇帝,从此正式来到了中国。狮子的形象高大凶猛,因此深受皇帝的喜爱。

魏晋时期,狮子是只有皇帝才可以养的动物,普通老百姓并没有见过狮子。后来佛教开始流行起来,狮子作为佛教经典里的动物,才慢慢被大众了解。

唐宋时期,中国逐渐强大起来,很多国家都想和中国建立良好的关系,所以派外交官送来许多狮子,这样一来,狮子就慢慢地走入民间,中国的石狮文化开始流行起来。人们用石头做成狮子的样子,放在大门前,希望让全家人得到狮子的保护,永远平安。

经过中国文化多年的影响与改造，石狮子的形象中渐渐加入了许多具有中国风格的元素，与现实世界中的狮子相比，中国的石狮子无论在造型上还是其代表的含义上，都发生了很大的变化。

　　细看可以发现，中国的石狮子总是一对一对出现的。公狮子在左边，脚下有一个球，代表着主人家的身份和地位；母狮子在右边，脚下有一只小狮子，代表着主人家的子女数量多。

　　在古代，根据社会地位的不同，石狮子的造型也是不同的。主人的身份和地位就体现在石狮子头顶一圈一圈的毛发上，主人的官做得越大，石狮子头上的圈就越多，最多的当然是皇帝家门前的石狮子，头上总共有45个圈。

　　石狮子作为中国传统文化中一个非常重要的形象，早已深入到每个中国人的心中。

本级词

摆 bǎi | to put, to place
守 shǒu | to guard
经典 jīngdiǎn | classics
大众 dàzhòng | general public
良好 liánghǎo | good

外交官 wàijiāoguān | diplomat
细 xì | carefully
根据 gēnjù | according to
圈 quān | circle

超纲词

狮子 shīzi | lion
开辟 kāipì | to open up
国王 guówáng | king
凶猛 xiōngměng | ferocious

佛教 Fójiào | Buddhism
元素 yuánsù | element
头顶 tóudǐng | top of the head
毛发 máofà | hair

注释

石狮子
Shí shīzi

Stone lions, believed to ward off evil spirits in traditional Chinese culture, can be found extensively in Chinese palaces, temples, pagodas, bridges, mansions, gardens, and mausoleums.

练 习

一、选词填空。

Fill in the blanks with the words given below.

A. 保护　　　B. 流行　　　C. 作为　　　D. 民间

"丝绸之路"开辟以后,伊朗国王把狮子_____礼物送给汉朝皇帝,从此,狮子正式来到了中国。唐宋时期,狮子慢慢地走入_____,中国的石狮文化开始_____起来。人们用石头做成狮子的样子,放在大门前,希望让全家人得到狮子的_____,永远平安。

二、根据文章选择正确答案。

Choose the correct answer according to the article.

1. 关于石狮子,下面哪个说法是对的?（　　　）

    A. 形象渐渐中国化

    B. 有保护国家的意义

    C. 公狮子脚下会有一只小狮子

    D. 可以单独出现,也可以成对出现

2. 皇帝家门前的石狮子头上有多少个圈?（　　　）

    A. 5个　　　　　　　　　　　　B. 25个

    C. 45个　　　　　　　　　　　 D. 100个

三、根据文章判断正误。

Tell right or wrong according to the article.

（　　）1. 中国本来就有狮子这种动物。

（　　）2. 在狮子来到中国之前，史书里就有了对狮子的记载。

（　　）3. 随着佛教在中国的发展，老百姓才慢慢了解了狮子。

（　　）4. 公狮子一般在右边，母狮子在左边。

（　　）5. 在古代，石狮子头上的圈是主人社会地位的标志。

练习参考答案

1 筷子的故事
一、B C A D
二、1. D 2. C
三、1. √ 2. × 3. × 4. × 5. √

2 古代人怎么看病
一、B D C A
二、1. B 2. D
三、1. √ 2. √ 3. × 4. × 5. √

3 盆中的风景
一、A C D B
二、1. C 2. C
三、1. × 2. × 3. √ 4. √ 5. ×

4 中国画画什么
一、C D A B
二、1. B 2. D
三、1. √ 2. × 3. √ 4. × 5. √

5 中国龙
一、A C D B
二、1. B 2. A
三、1. √ 2. × 3. √ 4. × 5. √

6 猜猜这些汉字是什么意思
一、B C A D
二、1. B 2. C
三、1. √ 2. × 3. × 4. × 5. ×

7 汉字的历史
一、D C A B
二、1. A 2. B
三、1. √ 2. × 3. √ 4. × 5. √

8 神话中的巨树
一、D C B A
二、1. D 2. C
三、1. √ 2. √ 3. × 4. √ 5. ×

9 纸是怎么做出来的
一、C D B A
二、1. B 2. C
三、1. √ 2. × 3. √ 4. √ 5. √

10 西安的城墙
一、B A D C
二、1. A 2. C
三、1. × 2. √ 3. √ 4. √ 5. √

11 你不知道的端午
一、C A D B
二、1. B 2. D
三、1. × 2. √ 3. × 4. √ 5. ×

12 可爱的大熊猫
一、D A C B
二、1. B 2. A
三、1. × 2. × 3. × 4. × 5. √

13 中国的古诗

一、D C A B

二、1. A 2. D

三、1. √ 2. × 3. √ 4. √ 5. ×

14 京剧脸谱

一、D C A B

二、1. C 2. B

三、1. × 2. √ 3. × 4. × 5. ×

15 中国红

一、C D A B

二、1. D 2. B

三、1. × 2. × 3. × 4. √ 5. √

16 "仁"和"礼",治天下

一、B D A C

二、1. B 2. B

三、1. √ 2. × 3. √ 4. √ 5. ×

17 酒中的故事

一、C A D B

二、1. A 2. C

三、1. √ 2. √ 3. × 4. × 5. ×

18 中国人的"饮料"

一、A D B C

二、1. C 2. D

三、1. √ 2. × 3. √ 4. × 5. √

19 空中飞舞的纸"鸟"

一、C D A B

二、1. A 2. B

三、1. √ 2. √ 3. × 4. √ 5. √

20 坐在门前的狮子

一、C D B A

二、1. A 2. C

三、1. × 2. √ 3. √ 4. × 5. √

85

词汇表

A

爱国 àiguó	to be patriotic	15
爱护 àihù	to care for	16
岸 àn	bank, coast	4

B

白酒 báijiǔ	liquor	17
摆 bǎi	to put, to place	20
摆放 bǎifàng	to arrange	3
包含 bāohán	to include	1
薄 báo	thin	9
宝贝 bǎobèi	treasure	8
宝藏 bǎozàng	treasure-trove	8
宝贵 bǎoguì	valuable	4
保暖 bǎonuǎn	to keep warm	12
悲伤 bēishāng	sad; sadness	13
鼻子 bízi	nose	2
壁画 bìhuà	mural, wall painting	4
避免 bìmiǎn	to avoid	11
边际 biānjì	limit, boundary	4
编 biān	to compile	13
便捷 biànjié	convenient	9
便于 biànyú	to be easy to	9
标志 biāozhì	sign, symbol	5
表情 biǎoqíng	expression	14
冰 bīng	ice	18
冰冷 bīnglěng	ice-cold	18
冰箱 bīngxiāng	refrigerator	18
博物馆 bówùguǎn	museum	7
捕杀 bǔshā	to hunt and kill	12
不仅仅 bù jǐnjǐn	not merely	1
部位 bùwèi	(body) part	2

C

猜 cāi	to guess	6
材料 cáiliào	material	1
财富 cáifù	wealth	1
采 cǎi	to pick	6
采集 cǎijí	to gather, to collect	18
参考 cānkǎo	reference	3
参考 cānkǎo	to take sth as a reference	7
餐具 cānjù	tableware	1
蚕 cán	silkworm	9
测试 cèshì	to test	19
茶叶 cháyè	tea leaves	18
差点儿 chàdiǎnr	barely	12
长久 chángjiǔ	for a long time	10
长寿 chángshòu	longevity	3
朝代 cháodài	dynasty	10
潮流 cháoliú	trend, fashion	15
潮湿 cháoshī	damp	11
沉重 chénzhòng	heavy	9
称赞 chēngzàn	to praise	13
成人 chéngrén	(to become an) adult	16
城墙 chéngqiáng	city wall	10
充分 chōngfèn	fully, sufficiently	7

虫子 chóngzi | worm, bug	11	
愁 chóu | sorrow	17	
丑 chǒu | ugly; clown	14	
出汗 chūhàn | to sweat	18	
出色 chūsè | outstanding	2	
出行 chūxíng | to go on a journey	4	
处 chù | place	15	
穿上 chuānshàng | to put on	15	
传递 chuándì | to transmit, to deliver	19	
传人 chuánrén | descendant	5	
传统 chuántǒng | traditional	2	
创立 chuànglì | to found	16	
此外 cǐwài | moreover	18	
从此 cóngcǐ | from then on	16	
粗糙 cūcāo | coarse	9	
促进 cùjìn | to promote	9	
促使 cùshǐ | to urge, to impel	11	
寸 cùn | cun (a unit of length, equal to 3.3 centimeters)	1	

D

大多 dàduō | mostly	1
大规模 dà guīmó | large-scale	12
大众 dàzhòng | general public	20
代替 dàitì | to replace	9
戴 dài | to wear	11
旦 dàn | female role	14
导致 dǎozhì | to cause	16
德 dé | virtue; morals	16
得 děi | to have to	16
敌人 dírén | enemy	10

笛子 dízi | (bamboo) flute	19
点火 diǎnhuǒ | to light a fire	2
顶 dǐng | top	8
定 dìng | to set	10
定型 dìngxíng | to finalize the design	5
冬季 dōngjì | winter	3
动摇 dòngyáo | to shake	13
洞 dòng | hole	18
毒 dú | poison	1
独立 dúlì | independent, independently	7
独特 dútè | unique	2
独自 dúzì | alone	4
度过 dùguò | to pass	12
端午节 Duānwǔ Jié | Dragon Boat Festival (the 5th day of the 5th month in the Chinese lunar calendar)	11
对联 duìlián | antithetical couplets (written on scrolls, etc. for the Chinese New Year)	15
对于 duìyú | about	2
多年 duōnián | many years	6
多样 duōyàng | diversified, various	4
多种 duōzhǒng | various	13

E

额头 étóu | forehead	14
而 ér | (used to connect two semantically relevant words)	2
而 ér | and	3
而是 érshì | but	11
耳朵 ěrduo | ear	5

F

发挥 fāhuī	to bring into play	18
法律 fǎlǜ	law	16
烦恼 fánnǎo	annoyances	17
繁荣 fánróng	prosperous	13
反映 fǎnyìng	to reflect	4
方 fāng	square	1
放松 fàngsōng	to relax	3
分 fēn	1/10 of one cun	1
分布 fēnbù	to be dispersed	12
分散 fēnsàn	to disperse	7
分为 fēnwéi	to divide into	2
粉末 fěnmò	powder	18
风格 fēnggé	style	4
风景 fēngjǐng	scenery	3
风俗 fēngsú	folk custom	1
风筝 fēngzheng	kite	19
凤凰 fènghuáng	phoenix (a legendary bird in Chinese mythology)	19
佛教 Fójiào	Buddhism	20
夫妇 fūfù	husband and wife	1
服从 fúcóng	to obey	1
符号 fúhào	symbol	6
符合 fúhé	to accord with	1
幅 fú	(a measure word for paintings, photos, cloth, etc.)	4

G

改善 gǎishàn	to improve	9
盖 gài	to cover	2
概括 gàikuò	to summarize	13
高大 gāodà	tall and big	5
高度 gāodù	height, altitude	4
高尚 gāoshàng	noble	14
格外 géwài	especially	4
隔 gé	to be at a distance from (in space or time)	13
根 gēn	(a measure word for long, thin objects)	1
根 gēn	root	2
根据 gēnjù	according to	20
更是 gèng shì	even more	17
公元前 gōngyuánqián	Before the Common Era (BCE)	10
公主 gōngzhǔ	princess	1
构成 gòuchéng	to form, to constitute	6
骨头 gǔtou	bone	1
关键 guānjiàn	key	2
关于 guānyú	about	1
官 guān	official	5
官方 guānfāng	government, authorities	13
罐子 guànzi	jar	2
归 guī	to return	1
龟壳 guīké	tortoise shell	6
规律 guīlǜ	regular	8
规模 guīmó	scale	10
规则 guīzé	rule	6
鬼怪 guǐguài	ghosts and monsters	15
贵族 guìzú	nobility	13
锅 guō	pot	1
国宝 guóbǎo	national treasure	12
国旗 guóqí	national flag	15
国王 guówáng	king	20

果实 guǒshí | fruit — 2

H

海外 hǎiwài | abroad — 18
含义 hányì | meaning — 3
含有 hányǒu | to contain — 17
寒冷 hánlěng | cold — 3
红包 hóngbāo | red packet/envelope (containing money, given to children as a Chinese New Year gift) — 15
红豆 hóngdòu | red bean — 11
红枣 hóngzǎo | jujube — 11
厚 hòu | thick — 8
厚度 hòudù | thickness — 10
呼吸 hūxī | to breathe — 2
胡子 húzi | beard — 14
虎 hǔ | tiger — 5
花椒 huājiāo | Chinese prickly ash — 18
怀念 huáiniàn | to think of — 13
怀疑 huáiyí | to doubt — 11
缓解 huǎnjiě | to alleviate, to lessen — 13
皇帝 huángdì | emperor — 1
绘画 huìhuà | to draw — 4
婚礼 hūnlǐ | wedding — 1
活泼 huópō | lively — 4
或许 huòxǔ | perhaps — 8
货币 huòbì | currency — 7
获得 huòdé | to gain — 2
获取 huòqǔ | to obtain — 5

J

几乎 jīhū | almost — 13
机构 jīgòu | institution, organization — 13
积累 jīlěi | to accumulate — 5
激烈 jīliè | intense — 11
极 jí | extremely — 5
极其 jíqí | extremely — 8
即使 jíshǐ | even — 18
急忙 jímáng | in haste — 11
集合 jíhé | collection — 13
记忆 jìyì | to remember; memory — 6
记载 jìzǎi | to record — 4
祭祀 jìsì | to offer sacrifices to gods/ancestors — 13
加热 jiārè | to heat — 2
加入 jiārù | to add, to join — 2
夹 jiā | to press from both sides — 1
假如 jiǎrú | if — 1
检测 jiǎncè | to test — 1
减少 jiǎnshǎo | to reduce — 12
剪 jiǎn | to cut — 19
建造 jiànzào | to build — 10
建筑 jiànzhù | building — 10
健身 jiànshēn | to keep fit — 19
渐渐 jiànjiàn | gradually — 5
江 jiāng | river — 4
奖金 jiǎngjīn | bonus — 2
降低 jiàngdī | to reduce — 9
狡猾 jiǎohuá | cunning — 14
阶段 jiēduàn | stage, phase — 4
节省 jiéshěng | to save (time, money, etc.) — 1
结冰 jiébīng | to freeze — 18
结构 jiégòu | structure — 7

解 jiě	to dispel	17
尽快 jǐnkuài	as soon as possible	2
尽力 jìnlì	to try one's best	16
紧密 jǐnmì	inseparable	12
近代 jìndài	modern times	1
经典 jīngdiǎn	classics	20
惊 jīng	to startle	8
精力 jīnglì	energy	4
景 jǐng	scenery	3
敬畏 jìngwèi	to hold in awe and veneration	5
居住 jūzhù	to live	5
巨大 jùdà	huge	6
具备 jùbèi	to possess	3
聚 jù	to gather	17
角色 juésè	role	14

K

开辟 kāipì	to open up	20
开水 kāishuǐ	boiled water	18
考查 kǎochá	to test	2
考古 kǎogǔ	archaeology	8
棵 kē	(a measure word for plants)	6
颗 kē	(a measure word for things small and roundish)	8
可见 kějiàn	it is thus clear that	12
刻 kè	to carve	6
坑 kēng	pit	8
空间 kōngjiān	space	3
空中 kōngzhōng	in the air	19
口头 kǒutóu	oral	6
口味 kǒuwèi	taste of food	11

苦 kǔ	bitter	2
苦 kǔ	suffering from hardship	16
宽 kuān	wide	4
宽广 kuānguǎng	broad	3
扩大 kuòdà	to expand	5
扩展 kuòzhǎn	to extend	3

L

来访 láifǎng	to come to visit	10
来源 láiyuán	to come (from); source	6
劳动 láodòng	to work	8
雷 léi	thunder	4
泪 lèi	tear	6
泪水 lèishuǐ	tear	6
类型 lèixíng	type	4
冷静 lěngjìng	sober	14
厘米 límǐ	centimeter (cm)	4
离不开 lí bu kāi	can't do without	17
礼 lǐ	ritual; propriety	16
礼服 lǐfú	ceremonial dress	15
力气 lìqi	physical strength	12
历史 lìshǐ	history	1
立即 lìjí	immediately	7
连接 liánjiē	to connect	9
脸色 liǎnsè	complexion, look	2
良 liáng	good	2
良好 liánghǎo	good	20
粮食 liángshi	grain	12
了解 liǎojiě	to understand	2
灵活 línghuó	nimble	7
流传 liúchuán	to spread	6
流动 liúdòng	(of liquid or gas) to flow	7

流行 liúxíng | popular 15
龙舟 lóngzhōu | dragon boat 11
陆续 lùxù | successively 1
轮流 lúnliú | to take turns 8
落 luò | to drop down 8

M

麻 má | hemp 9
麻绳 máshéng | hemp rope 9
脉搏 màibó | pulse 2
漫长 màncháng | (of time or road) very long 7
毛发 máofà | hair 20
美观 měiguān | pleasing to the eye 7
美女 měinǚ | beautiful woman 13
梦想 mèngxiǎng | dream 16
秘密 mìmì | secret 8
描述 miáoshù | to describe 13
描写 miáoxiě | to depict 13
摸 mō | to touch 2
模糊 móhu | vague, dim 4

N

男性 nánxìng | male 14
难免 nánmiǎn | hard to avoid 5
脑袋 nǎodai | head 6
黏 nián | sticky 11
宁 nìng | (would) rather 1
宁静 níngjìng | tranquil 3
宁愿 nìngyuàn | would rather 3
农历 nónglì | Chinese calendar 11
女性 nǚxìng | female 14

P

排列 páiliè | to arrange 8
泡 pào | to soak 11
培养 péiyǎng | to cultivate 16
盆 pén | pot, basin 3
脾气 píqi | temper 14
漂浮 piāofú | to float 7
品质 pǐnzhì | personality 14
平方 píngfāng | square 10
平静 píngjìng | calm 4
平均 píngjūn | average 7

Q

妻子 qīzi | wife 13
期待 qīdài | to expect 8
期间 qījiān | period 17
其余 qíyú | the rest 19
起源 qǐyuán | origin 11
千家万户 qiānjiā-wànhù | every household 18
前途 qiántú | future 13
浅 qiǎn | shallow 3
切 qiē | to cut 3
切 qiè | to take someone's pulse 2
亲朋好友 qīnpéng-hǎoyǒu | relatives and close/intimate friends 1
青 qīng | blue or green 15
青铜 qīngtóng | bronze 7
青铜器 qīngtóng qì | bronzeware 9
轻便 qīngbiàn | light; portable 9
清明节 Qīngmíng Jié | Tomb Sweeping Day (April 4–6) 17

情景 qíngjǐng	scene	3
穷 qióng	poor	16
曲线 qūxiàn	curved line	7
圈 quān	circle	20
全世界 quán shìjiè	all the world	8
鹊 què	magpie	19

R

热辣辣 rèlàlà	burning hot	18
热闹 rènao	lively	13
人家 rénjiā	family	1
人间 rénjiān	(human) world	8
人物 rénwù	character	4
人造 rénzào	man-made	19
仁 rén	benevolence	16
融化 rónghuà	to melt	18
儒家 Rújiā	Confucian school	16

S

色彩 sècǎi	color	3
森林 sēnlín	forest	3
晒 shài	to bask	9
山峰 shānfēng	(mountain) peak	3
善于 shànyú	to be good at	13
伤害 shānghài	to hurt	11
赏 shǎng	to appreciate	17
烧 shāo	to burn, to cook	1
少见 shǎojiàn	rare	10
舌头 shétou	tongue	2
蛇 shé	snake	5
设置 shèzhì	to set up, to establish	13
身份 shēnfèn	status	16

身临其境 shēnlínqíjìng	to be personally on the scene	3
深厚 shēnhòu	deep	15
神 shén	divine	1
神话 shénhuà	mythology	4
神秘 shénmì	mysterious	2
甚至 shènzhì	even	4
剩下 shèngxia	leftover	9
失败 shībài	to be defeated	5
失望 shīwàng	to be disappointed	8
诗 shī	poem	3
诗歌 shīgē	poetry	13
诗人 shīrén	poet	11
狮子 shīzi	lion	20
石灰 shíhuī	lime	9
时期 shíqī	period	3
实用 shíyòng	practical	7
士兵 shìbīng	soldier	19
似的 shìde	just like	12
事物 shìwù	thing	4
是否 shìfǒu	whether or not	1
收集 shōují	to collect	13
守 shǒu	to guard	20
首 shǒu	head	5
首 shǒu	(a measure word for poems or songs)	13
受不了 shòubuliǎo	cannot endure	1
书法 shūfǎ	calligraphy	4
书写 shūxiě	to write	6
舒适 shūshì	comfortable	10
熟悉 shúxi	to be familiar with	11
黍 shǔ	a kind of millet	11

树枝 shùzhī | branch	1	
帅哥 shuàigē | handsome guy	14	
水灾 shuǐzāi | flood	1	
睡着 shuìzháo | to fall asleep	8	
丝 sī | (natural) silk	9	
思考 sīkǎo | to consider	16	
松树 sōngshù | pine (tree)	3	
俗话 súhuà | common saying	3	
酸奶 suānnǎi | yogurt	18	
算是 suànshì | considered to be	10	
随意 suíyì | at will; at random	7	
碎 suì | fragmentary	18	
损坏 sǔnhuài | to damage	10	
缩小 suōxiǎo | to narrow	3	

T

探索 tànsuǒ | to explore	19
陶器 táoqì | earthenware	9
特殊 tèshū | special	10
特征 tèzhēng | characteristic	5
提供 tígōng | to provide	2
替代 tìdài | to replace	12
天地 tiāndì | heaven and earth	3
天下 tiānxià | land under heaven — the world or the whole country	7
天真 tiānzhēn | innocence	19
田地 tiándì | field	8
挑 tiāo | to select	13
挑选 tiāoxuǎn | to select	9
贴 tiē | to paste	15
同一 tóngyī | same	12
统一 tǒngyī | to unify	6

痛快 tòngkuài | happy	18
头顶 tóudǐng | top of the head	20
头像 tóuxiàng | head sculpture	8
投 tóu | to throw	11
投入 tóurù | to put into	4
途中 túzhōng | on the way	1
土地 tǔdì | land	5
土堆 tǔduī | mound	8
吐 tǔ | to spit	9
团聚 tuánjù | to reunite	17
脱离 tuōlí | to break away from	7

W

挖 wā | to dig	8
外交官 wàijiāoguān | diplomat	20
弯 wān | to bend; curved	1
弯曲 wānqū | curved, winding	3
王朝 wángcháo | imperial court	10
望 wàng | to observe	2
微型 wēixíng | miniature	3
维护 wéihù | to maintain	10
未来 wèilái | future	15
位置 wèizhì | position	2
味儿 wèir | scent, smell	2
文物 wénwù | cultural relic	8
稳定 wěndìng | stable	10
无 wú | to be without	4
无比 wúbǐ | incomparable	8
无法 wúfǎ | to be unable (to do sth)	6
无论 wúlùn | whatever	5
无数 wúshù | innumerable	3

X

吸收 xīshōu	to absorb	14
吸引 xīyǐn	to attract	12
喜爱 xǐ'ài	love	3
喜庆 xǐqìng	happy/joyous event	15
戏曲 xìqǔ	traditional opera (including Kunqu, Beijing opera and other local operas)	14
细 xì	carefully	20
细 xì	fine, slender	2
细致 xìzhì	careful and thorough	2
虾 xiā	shrimp	11
夏季 xiàjì	summer	18
鲜花 xiānhuā	fresh flower	3
鲜明 xiānmíng	distinct	7
鲜艳 xiānyàn	bright-colored	3
咸 xián	salty	11
显著 xiǎnzhù	remarkable	5
限制 xiànzhì	to limit	9
乡 xiāng	country	17
相反 xiāngfǎn	opposite	7
香味 xiāngwèi	fragrance	11
享受 xiǎngshòu	to enjoy	17
想念 xiǎngniàn	to miss	17
想象 xiǎngxiàng	to imagine	3
项 xiàng	item	1
象征 xiàngzhēng	to symbolize	15
消化 xiāohuà	digestion	17
小型 xiǎoxíng	small-scale	3
些 xiē	(used before a noun to indicate an indefinite amount) some	11
心理 xīnlǐ	psychology	4
欣赏 xīnshǎng	to appreciate	3
新娘 xīnniáng	bride	15
新鲜 xīnxiān	fresh	3
信念 xìnniàn	belief	15
信任 xìnrèn	to trust	14
形容 xíngróng	to describe	13
形态 xíngtài	shape	7
醒 xǐng	to wake up	8
凶猛 xiōngměng	ferocious	20
熊 xióng	bear	5
修补 xiūbǔ	to mend and repair	8
修复 xiūfù	to repair	10
修剪 xiūjiǎn	to trim	3
絮 xù	wad (of cotton, silk, etc.)	9
选择 xuǎnzé	to select	3
学问 xuéwen	knowledge	16
寻找 xúnzhǎo	to seek	9
迅速 xùnsù	rapid	4

Y

延伸 yánshēn	to extend	4
延续 yánxù	to continue	4
延长 yáncháng	to extend	19
严格 yángé	strict	14
严重 yánzhòng	serious	10
炎热 yánrè	(of weather) scorching	18
沿岸 yán'àn	coastland	3
研究 yánjiū	(to) research	2
盐 yán	salt	18
眼界 yǎnjiè	field of vision	3
眼镜 yǎnjìng	glasses	12
眼泪 yǎnlèi	tear	6

眼圈 yǎnquān | rings around the eyes 12
宴会 yànhuì | banquet 13
遥远 yáoyuǎn | distant 5
咬 yǎo | to bite 5
药物 yàowù | medicine 2
也就是说 yě jiù shì shuō | in other words 8
业余 yèyú | after-hours; (spare) time 13
叶子 yèzi | leaf 2
一般来说 yìbān lái shuō | generally speaking 1
一致 yízhì | identical 7
医疗 yīliáo | to give medical treatment (to) 2
依靠 yīkào | to rely on 6
遗产 yíchǎn | legacy 10
遗址 yízhǐ | ruins 8
以 yǐ | with, by 3
以及 yǐjí | as well as 3
引 yǐn | to lead 14
引起 yǐnqǐ | to cause, to arouse 8
引人注目 yǐnrén-zhùmù | to catch sb's attention 12
饮料 yǐnliào | drink 17
应 yīng | should 16
英勇 yīngyǒng | heroic 12
鹰 yīng | hawk, eagle 5
勇敢 yǒnggǎn | brave 3
用来 yònglái | to serve as 5
优良 yōuliáng | excellent 6
优美 yōuměi | graceful 3
优秀 yōuxiù | outstanding 4
悠久 yōujiǔ | long in time 17

有劲儿 yǒujìnr | to have strength 13
有趣 yǒuqù | interesting 3
有限 yǒuxiàn | limited 13
于是 yúshì | hence 1
与 yǔ | with 8
玉 yù | jade 1
预测 yùcè | to predict 1
欲望 yùwàng | desire 1
遇到 yùdào | to encounter 4
鸢 yuān | eagle, kite 19
元素 yuánsù | element 20
元宵节 Yuánxiāo Jié | Lantern Festival (the 15th day of the 1st month in the Chinese lunar calendar) 17
原料 yuánliào | raw materials 9
圆 yuán | round 1
远离 yuǎnlí | to stay away from 13
阅读 yuèdú | to read 7
运气 yùnqi | luck 3
运用 yùnyòng | to use 7

Z

糟糕 zāogāo | terrible 11
早期 zǎoqī | early stage 4
造型 zàoxíng | modelling 3
造纸术 zàozhǐshù | paper-making technology 9
扎 zhā | to prick 2
战胜 zhànshèng | to defeat, to overcome 5
战士 zhànshì | warrior 3
战争 zhànzhēng | warfare 1
掌握 zhǎngwò | to grasp 7

爪 zhǎo | claw		5
折 zhé | to break		1
这样一来 zhèyàng-yīlái | hence		9
着急 zháojí | anxious		11
针 zhēn | needle		2
珍贵 zhēnguì | valuable		9
震惊 zhènjīng | to shock		8
争夺 zhēngduó | to fight for		5
筝 zhēng | an ancient Chinese plucked instrument		19
政府 zhèngfǔ | government		13
之后 zhīhòu | after		1
之前 zhīqián | before		1
之一 zhīyī | one of		1
直线 zhíxiàn | straight line		7
植物 zhíwù | plant		2
质地 zhìdì | texture		9
质量 zhìliàng | quality		9
治 zhì | to rule		16
治理 zhìlǐ | to administer		1
治疗 zhìliáo | to cure		2
智慧 zhìhuì | wisdom		1
中国画 Zhōngguó huà | Chinese painting		4
中秋节 Zhōngqiū Jié | Mid-Autumn Festival (the 15th day of the 8th month in the Chinese lunar calendar)		17
忠诚 zhōngchéng | loyal		14
种类 zhǒnglèi | type		2
种植 zhòngzhí | to plant		3
竹子 zhúzi | bamboo		1
逐步 zhúbù | gradually		11
逐渐 zhújiàn | gradually		3
主题 zhǔtí | theme		4
注意力 zhùyìlì | attention		12
祝福 zhùfú | blessing		1
著名 zhùmíng | famous		4
转移 zhuǎnyí | to transfer		19
追求 zhuīqiú | pursuit		4
资源 zīyuán | resources		5
自 zì | from		14
综合 zōnghé | to synthesize		8
总共 zǒnggòng | altogether, in total		10
总之 zǒngzhī | in a word		14
阻止 zǔzhǐ | to prevent		11
嘴巴 zuǐba | mouth		2
最初 zuìchū | at first		1
醉 zuì | drunk		17
作为 zuòwéi | to serve as		1
作战 zuòzhàn | to fight a battle		10
坐骑 zuòqí | mount		12

版权声明

  为了满足全球中文学习者的需求，我们在编写本套丛书时，对标《国际中文教育中文水平等级标准》，部分课文在已有文本的基础上稍作改动，以适应中文学习者的不同水平和阅读习惯。由于诸多客观原因，虽然我们做了多方面的努力，但仍无法与部分原作者取得联系。部分作品无法确认作者信息，故未署上作者的名字，敬请谅解。

  国际中文的推广任重而道远，我们希望能得到相关著作权人的理解和支持。若有版权相关问题，您可与我们联系，我们将妥善处理。

编者
2023 年 10 月

图书在版编目(CIP)数据

符号中国 / 张珩, 孙晶晶编. -- 上海：上海外语教育出版社, 2025. -- (阅读中国·外教社中文分级系列读物 / 程爱民总主编). -- ISBN 978-7-5446-8022-6

Ⅰ. H195.5

中国国家版本馆CIP数据核字第20252CD075号

出版发行：**上海外语教育出版社**
　　　　　（上海外国语大学内）邮编：200083
电　　话：021-65425300 (总机)
电子邮箱：bookinfo@sflep.com.cn
网　　址：http://www.sflep.com
责任编辑：梁瀚杰

印　　刷：上海丽佳制版印刷有限公司
开　　本：787×1092　1/16　印张6.5　字数116千字
版　　次：2025年7月第1版　2025年7月第1次印刷

书　　号：ISBN 978-7-5446-8022-6
定　　价：39.00元

本版图书如有印装质量问题，可向本社调换
质量服务热线：4008-213-263